JN411941

칙어연의

칙어연의

초판 1쇄 발행 2026년 1월 31일

저자 이노우에 데쓰지로
역자 이인화
펴낸이 장길수
펴낸곳 지식과감성#
출판등록 제2012-000081호

교정 주경민
디자인 김희영
편집 김희영
검수 이주연, 정윤솔
마케팅 김윤길

주소 서울시 금천구 벚꽃로298 대륭포스트타워6차 1212호
전화 070-4651-3730~4
팩스 070-4325-7006
이메일 ksbookup@naver.com
홈페이지 www.knsbookup.com

ISBN 979-11-392-3064-2(93910)
값 17,000원

칙어연의

勅語衍義

저자 이노우에 데쓰지로(井上哲次郎)

역자 이인화

차례

칙어연의 목차

역자 서문[1)]

"헌법과 교육기본법 등에 반하지 않는 형태로 「교육에 관한 칙어(이하 교육칙어)」를 교재로 사용하는 것까지 부정하는 것은 아니다."

2017년 2월 아베 정권이 연루된 모리토모 학원에서 운영하는 쓰카모토 유치원에서 교육칙어를 암창하게 하는 교육이 실시된 것이 밝혀진 후, 제193대 국회에서 정부에 제출된 질문주의서質問主意書에 대하여 일본 정부는 위와 같은 답변서를 내놓았다. 교육칙어를 교재로 활

---

1) 이 서문은 역자의 논문 「근대 일본 국민도덕으로서의 교육칙어의 의미와 현재 일본에서의 교재 사용 논의 — 칙어연의 및 일본 학계의 성명문을 중심으로」, 『일본학연구』 제69집, 단국대학교 일본연구소, 2023의 내용을 토대로 작성하였습니다. 더 구체적인 해제와 관련 자료에 대한 정보는 이 논문을 참고하시길 바랍니다.

용하는 것이 긍정될 수 있다는 이 정부 답변은 이후 일본 각계에서 큰 반발과 논란을 초래하였다.

교육칙어는 1890년 10월 30일 메이지 천황에 의해 공표되었고, 패전 이후 중의원과 참의원에서 그 사용의 배제를 결의하면서 실효되었다. 이후 교육 현장에서 공식적으로 자취를 감추었으나, 이 사건을 계기로 다시 수면 위로 떠오르게 된 것이다.

이와 관련하여 전 문부과학상 시바야마 마사히코柴山昌彦는 "교육칙어의 내용을 현대적으로 정리해 가르치려는 움직임"이 있으며, 이를 "검토할 만한 가치가 있다."라고 하였고, 전 문부과학상 하기우다 고이치萩生田光一는 "그것이 교육칙어라는 점을 떼놓고 보면 효도에 관한 내용이나 친구간의 우애 같은 부분은 오늘날에도 통용되는 일상적 도덕"이라는 취지의 언급을 하였다. 또한 이나다 도모미稲田朋美 당시 방위대신은 일본이 도의국가를 지향해야 한다는 것, 효도, 친구를 소중히 하는 것 등이 교육칙어의 핵심이며 "교육칙어에 흐르고 있는 그 핵심을 되살려야 한다."라고 언급하였으며, 당시 관방장관 스가 요시히데菅義偉는 "헌법의 기본 이념인 기본적 인권 존중이나 국민주권, 교육기본법에 어긋나지 않도록 적절한 배려하에 다루어지는 것까지 부정하는 것은 아니다."라고 하였다. 이들은 모두 자민당 중의원 출신 인물들이다.

실제로 교육칙어에는 "신민들은 부모에게 효도하고 형제와 우애하며, 부부간에 서로 화목하고 벗과 서로 신뢰하며, 공손하고 절제하며 널리 사람을 박애하며, 학문을 닦고 기술을 익힘으로써 지능을 계발하고, 훌륭한 인격을 성취하며"라는 문언이 있으며, 이는 오늘날에도 통용될 수 있는 좋은 도덕적 가르침이라는 인상을 줄 수도 있다. 그러나 그러한 인격적 수양은 결국 "국가에 위급한 일이 생기면 의롭고 용감하게 공公을 위해 봉사함으로써 천지와 함께 영원히 이어질 황실의 운명을 부익扶翼해야 한다."라는 맥락으로 이어진다. 즉, 일상적 수신과 자기 계발, 부모와 부부, 친구 등에 대한 애정은 곧 국가라는 유기체의 일부분으로서 국가와 천황을 위해 일생을 바치고 목숨조차 가볍게 버릴 수 있어야 한다는 국가주의적 도덕으로 흡수되는 것이다. 결국 신민의 도덕적 수양은 국가주의 사상의 기초로서 천황을 위한 맹

목적 충성과 희생을 강요하기 위한 사전적 포석에 불과하다.

실제로 교육칙어가 학교 교육에서 활용된 방식을 살펴보면, 1900년의 「소학교령 시행규칙」에 따라 “수신교육은 교육칙어의 취지에 기초하여야 할 것”을 규정하며, 교육칙어를 국민 도덕 교육의 대전제로 기능하도록 하였다. 또한 교육칙어는 학교에 ‘등본謄本’이라고 불린 인쇄물로 교부되었으며, 천황과 황후의 어진, 즉 ‘어진영御眞影’과 함께 하사되었다. 배포된 칙어 등본과 어진영은 1891년 문부성훈령 제4호 「양 폐하의 어영 및 칙어 등본 봉치의 건」에 의해 교내의 일정한 장소에 두고 “가장 존중하여 봉호”하도록 하였다. 1920년대부터 각 학교에서는 ‘봉안전’을 설치하여 그것들을 보관하였고, 학생들이 등하교 시 봉안전을 향하여 최경례를 하도록 하였다.

또한 1891년 문부성령 「소학교 축일·대제일 의식 규정」에 따라, 삼대절, 즉 기원절(건국기념일), 천장절(천황 탄생일), 사방배(1월 1일)—1927년부터 메이지절(메이지 천황 탄생일)이 추가되어 사대절—에 학교 의식에서 ‘칙어 봉독식’을 실시하였다. 이 칙어 봉독식에서 한

경례가 최경례가 아니었다는 이유로 교원과 학생들의 비난을 받아 제일고등중학교에서 해촉된 우치무라 간조의 '불경 사건(1891)'은 일본 사회를 떠들썩하게 한 유명한 사건이었다. 그 외에도 어진영에 최경례를 할 때 머리를 충분히 숙이지 않았다는 이유로 학생들에게 탄핵을 당해 교사가 해고된 사례, 교육칙어 봉독 시 착용한 옷이 정장으로서 격식을 갖추지 못하여 학교 이사직을 사직한 사례, 교육칙어를 잘못 읽은 교원이 사직서를 제출한 사례 등 다수의 불경 사건들이 보도되었으며, 칙어 등본과 어진영에 대한 불경은 사회적으로 큰 비난의 대상이 되었다.

이처럼 불경에 대한 비난의 강도가 거세지면서 칙어 등본과 어진영을 지키기 위해 목숨을 잃은 경우도 발생하였다. 특히 화재, 쓰나미, 지진, 태풍 등 각종 재해에서 그것을 지키고자 재해 현장으로 뛰어들다 목숨을 잃기도 하였으며, 태풍 속에서 아동 학생보다 어진영을 먼저 구하는 사이에 교사校舍가 무너져 아동들이 숨지는 일이 발생하기도 하였다. 실제로 1943년 문부성 내무성 통첩 「학교 방공 지침」에는 '방공의 주안점 및 보고의 순서'에서 학생 및 아동의 안위보다 먼저 '어진영, 칙어 등본, 조서 등본의 봉천'을 제1순위에 두었다.

전후 교육칙어는 1948년 6월 19일 중의원과 참의원이 그 사용의 배제를 결의하면서 교육 현장에서 공식적으로 자취를 감추게 되었다. 그러나 위와 같이 2017년 아베 정권이 연루된 모리토모 학원의 스캔들이 보도되며, 아베 정부 및 자민당 출신의 주요 인사들이 교육칙어의 교재로서의 사용을 긍정하는 듯한 발언이 이어진 것이다.

이에 대해 교육사학회教育史学会, 일본교육학회日本教育学会 등을 중심으로 하는 일본 학계에서는 성명서를 내며 교육칙어의 교재 사용에 반대하는 입장을 발표하였다. 그 입장은 크게 다음의 네 가지로 압축될 수 있다.

첫째로, 교육칙어의 시대와 현대의 국가 체제의 성격은 차이가 있다. 교육칙어는 대일본제국헌법 체제의 주권재군, 신화적 국체 사관에서 국민은 천황의 신민인 관념에서의 도덕이다. 교육칙어 사용 긍정론자들이 보편적 도덕으로 내세우는 가족, 친구, 부모에 대한 애정에서 나온 덕목들은 결국 배외적 애국심과 군국주의로 유도된다. 그러한 배경과 맥락을 무시하고 일부분만 떼어 좋은 내용을 담고 있는 도덕 교재로 볼 수 없다. 궁극적으로 교육칙어는 전시 체제를 전제로 천황과 국가를 위해 목숨을 던질 것을 도덕으로 삼고 있는 문서이다. 국민 주권, 인권 존중, 국제 평화 등을 기본이념으로 하는 현행 헌법 체제 및 현대 사회에서는 통용될 수 없는 도덕이다.

둘째로, 1948년 중·참의원이 교육칙어의 실효 및 학교 현장에서의 배제를 결의하였기에 이에 따라야 하며, 헌법, 교육기본법, 학교교육법에 위배되는 내용이 있으므로 법적으로 문제가 된다.

셋째로, 과거 교육칙어가 사용된 방식에 문제가 있다. 교육칙어 교육을 통해 천황에 대한 순종을 학생들에게 철저히 주입시킴으로써, 교육이 천황에 의한 국민 지배의 수단으로 왜곡되었다. 교육칙어 등본은 학생이나 교원의 목숨보다 중요한 것으로 여겨져, 등본을 지키기 위해 목숨이 희생되기도 하였다. 또한 한국, 대만 등에서의 식민지 교육을 통해 식민지 지배 도구로도 활용되었다. 이러한 비인격적인 수단과 목적으로 사용되었던 도구를 현재의 도덕 교육 교재로 되살리는 것은 옳지 않다.

넷째로, 개인의 도덕적 자율성을 무시하는 것이 문제가 된다. 도덕 교육이 어떠한 도덕 원리를 옳은 것으로 규정하고 그것을 일률적으로 암송하고 따르도록 하는 형식으로 이루어지는 것은 양심과 사상의 자유를 침해하는 것이 될 수 있으며, 비판적 사고를 저해할 수 있다.

위와 같은 이유로 "교육칙어는 학교 교육 현장에서 역사적 사실을 명확히 하기 위한 역사 자료 이외의 용도로 교재로 사용되어서는 안 된다."라는 입장을 취하고 있다.

한국에서도 1911년 「조선교육령」 제2조에서 "교육은 교육칙어에 입각하여 충량한 국민을 육성하는 것을 본의로 한다."라는 법령을 통해 일제강점기 식민 교육에도 적용되었다. 다음 해 1월 칙어 등본 역시 관공사립 각 학교에 배포되었다. 즉, 교육칙어의 역사는 우리 역사의 일부이기도 하다.

이 책은 도쿄제국대학 교수 이노우에 데쓰지로가 지은 『칙어연의』를 완역한 책이다. 『칙어연의』는 문부대신 요시카와 아키마사가 서문과 훈시를 쓴 책으로 문부성의 교육칙어 공식 해설서라고 볼 수 있다. 이 책을 통해 교육칙어의 문언에 담긴 진정한 의미를 파악하고, 나아가 당시 일본 국민과 일제 강점기 조선 및 대만에서 실시된 교육칙어 교육의 실상과 폐해를 인식하는 계기가 될 수 있을 것이다.

2025년 가을

이인화

번역 범례

1. 이 번역본은 1891년 9월 2일 출판된 칙어연의 상, 하권을 저본으로 한다. 井上哲次郎, 『勅語衍義』 上, 下, 敬業社, 1891. 9.

2. 주석은 모두 역자 주이다. 본문 중 괄호 안에 덧붙인 내용은 역자가 추가한 것이다.

3. 원문의 한자어는 가급적 어색하지 않은 표현으로 대체하였으며, 이 경우 원문의 한자어를 병기하였다. (ex. 이기주의 孤獨主義)

교육칙어 원문

짐이 생각건대, 우리 황조황종께서 나라를 여심은 원대하며, 덕을 세우심은 깊고 두터우시니라. 우리 신민이 지극한 충과 효로써 억조창생의 마음을 하나로 하여 대대로 그 아름다움을 다하는 것은 우리 국체의 정화이며 교육의 연원 또한 실로 여기에 있다.

그대, 신민들은 부모에게 효도하고 형제와 우애하며, 부부간에 서로 화목하고 벗과 서로 신뢰하며, 공손하고 절제하며, 널리 대중을 사랑하며, 학문을 닦고 기술을 익힘으로써 지능을 계발하고 훌륭한 인격을 성취하여야 한다. 나아가 공익을 증진하여 사회에 필요한 사업을 열고, 항상 국헌을 중시하고 국법을 따르며, 일단 국가에 위급한 일이 생기면 의롭고 용감하게 공公을 위해 봉사함으로써 천지와 함께 영원히 이어질 황실의 운명을 부익扶翼해야 한다. 이렇게 한다면 그대들은 짐의 충량한 신민이 될 뿐만 아니라, 족히 그대들의 조상의 유풍遺風을 현창顯彰할 수 있을 것이다.

이 도는 실로 우리 황조황종의 유훈遺訓으로 자손인 천황과 신민이 함께 준수해야 하는 바, 이는 고금을 관통하여 그르침이 없으며, 중외中外에 베풀더라도 어긋나지 않는다. 짐은 그대들 신민과 더불어 이를 마음에 깊이 새기고 지키며, 모두 이 덕을 한결같이 하기를 바라는 바이다.

메이지 23년(1890) 10월 30일

어명 어새

朕惟フニ我カ皇祖皇宗國ヲ肇ムルコト宏遠ニ徳ヲ樹ツルコト深厚ナリ 我カ臣民克ク忠ニ克ク孝ニ億兆心ヲ一ニシテ世世厥ノ美ヲ濟セルハ此レ我カ國體ノ精華ニシテ教育ノ淵源亦實ニ此ニ存ス

爾臣民父母ニ孝ニ兄弟ニ友ニ夫婦相和シ朋友相信シ恭儉己レヲ持シ博愛衆ニ及ホシ學ヲ修メ業ヲ習ヒ以テ智能ヲ啓發シ德器ヲ成就シ進テ公益ヲ廣メ世務ヲ開キ常ニ國憲ヲ重シ國法ニ遵ヒ一旦緩急アレハ義勇公ニ奉シ以テ天壤無窮ノ皇運ヲ扶翼スヘシ 是ノ如キハ獨リ朕カ忠良ノ臣民タルノミナラス又以テ爾祖先ノ遺風ヲ顯彰スルニ足ラン

斯ノ道ハ實ニ我カ皇祖皇宗ノ遺訓ニシテ子孫臣民ノ倶ニ遵守スヘキ所之ヲ古今ニ通シテ謬ラス之ヲ中外ニ施シテ悖ラス朕爾臣民ト倶ニ拳拳服膺シテ咸其徳ヲ一ニセンコトヲ庶幾フ

明治二十三年十月三十日

御名 御璽

칙어연의

칙어연의 서

메이지 유신 이후, 학예가 다투어 일어나 학교가 없는 곳이 없고, 책을 끼고 다니지 않는 이가 없으니, 인문이 펼쳐짐이 이와 같았던 적이 일찍이 없었다. 이에 청금靑衿의 젊은이들이 각자 찬연한 문장을 이루어 크게 볼만하였으나, 덕행은 이에 미치지 못하니 우국지사들이 개탄을 금치 못하였다. 이것이 우리 천황 폐하께서 깊이 염려하시어 칙어를 내려주신 연유이다. 무릇 국가의 도덕은 비유하자면 고기의 소금과 같다. 소금이 있어야 고기의 질이 보존되듯 도덕이 있어야 백성들이 그 삶을 온전히 할 수 있다. 따라서 도덕은 곧 나라를 보존하는 소금임을 알 수 있으니, 세상의 젊은이들이 어찌 하루라도 덕행을 닦지 않을 수 있겠는가.

이번에 이노우에 데쓰지로가 『칙어연의』를 저술하여

장차 세상에 공개하게 되어 나에게 서문을 청하니, 이에 몇 마디를 책머리에 적어 돌려준다.

1891년 8월
요시카와 아키마사 쓰다.

훈시

삼가 생각건대, 우리 천황 폐하께서 신민의 교육을 깊이 염려하시어 이에 황송하게도 칙어를 내려주시니, 나 아키마사芳川顯正는 문부文部에서 직분을 받들며 몸소 이 중임을 지고 아침저녁으로 되돌아보며 혹 (폐하의 뜻에서 벗어나) 그르친 곳으로 나아가지 않을지 두려워하였다. 이제 칙어를 받드니奉承 감격하여 분발하는 마음을 가눌 수 없다. 삼가 칙어의 등본謄本을 만들어 널리 전국의 학교에 배포하니, 교육의 직에 있는 자는 마땅히 항상 성의聖意를 받들어 실천하고, 갈고닦고 훈도琢磨薫陶하는 노력을 게을리해서는 안 된다. 특히 학교의 행사일 및 그 외 적당한 시일을 정하여 학생들을 모아놓고 칙어를 봉독하고, 그 의미를 차근차근 회고誨告[2)]하여 생도들 이 항상 마음에 새기고 따르도록 해야 한다.

1890년 10월 31일

문부대신 요시카와 아키마사.

2) 교육칙어를 봉독한 후, 교장이 교육칙어에 담긴 취지를 설명해 주는 것을 말한다.

칙어연의 서

1890년에 나는 유럽에서 귀국하여, 오랫동안 찬란한 문물을 본 눈으로 고국의 현실을 목도하니, 피아의 우열의 차이가 매우 심함을 깨닫고 처연하여 마음이 아팠다. 이에 여러 감회가 마음에 가득하여, 우리나라의 사회 개량에 대해 논하고 싶은 것이 매우 많다. 특히 교육에 관하여 우리의 지극히 어질고 자애로우신 천황 폐하께서 깊이 염려하시어 칙어를 내려주시니, 문부대신이 삼가 받들고 그것을 전국의 학교에 배포하여 학생들이 본받아야 할 바를 알게 하였다. 내가 삼가 받들어 읽으니, 효제충신의 덕행을 닦고, 공동 애국의 의로운 마음을 배양해야 하는 이유를 간곡히 유시諭示[3]하시니, 대중에게 이

3) 문서나 게시로 일러주다.

바지함이 극히 광대하여 민심을 결합하기에 매우 적절하다. 우리나라 사람들은 오늘부터 이후로 영원히 이것을 국민적 교육의 기초로 삼아야 한다.

오늘날 세계 여러 나라들의 상황을 조망해 보면, 유럽과 미국은 물론이고, 그 외에 유럽인들이 이주하여 세운 국가들은 모두 번영하지 않은 곳이 없다. 그들과 진보를 경쟁할 만한 국가는 오직 동양의 국가들뿐이다. 그러나 인도, 이집트, 미얀마, 베트남 등은 이미 독립을 잃었고, 태국, 티베트, 조선 등의 나라는 극히 미약하여 독립을 유지하기가 매우 어려울 것이다. 그러므로 오늘날 동양에서 우뚝이 독립을 지키며 열국 사이에서 권리를 주장할 수 있는 국가는 오직 일본과 중국뿐이다. 그러나 중국은 고전에 얽매여 진보의 기세가 부족하며, 오직 일본만이 진보에 대한 마음이 나날이 북돋아지고 있어, 방법에 따라서는 장래에 놀랄 만큼 찬란한 문화를 이룰 수 있을 것이다. 그런데 일본은 왜소하고 작은 나라이고, 지금은 각국이 방자하게 침략을 일삼는 시기이므로 사방이 모두 적이라고 생각하지 않을 수 없다. 항상 여러 나라들과 우호적 관계를 맺기 위해 노력해야 하지만, 만약 외적이 우리의 허점을 노리는 때가 오면, 의지할 곳은 외국이 아니라 오직 우리 4천만 동포일 뿐이다. 그러므로 우리나라 사람인 자는 국가를 위해서 목숨을 티끌처럼 가벼이 여기고, 주저하지 않고 용감히 나아가 그것을 버리는 공의심公義心이 있어야 한다. 그렇지만 그와 같은 정신은 불우한 일이 있기 전에 미리 고무시켜야 한다. 도둑을 보고 나서야 포승줄을 꼬기 시작한다면, 누가 그 어리석음을 비웃지 않겠는가?

칙어의 주의主意는 효제충신의 덕행을 닦아 국가의 기초를 공고히 하고, 공동으로 애국하는 의로운 마음을 배양하여, 불우한 변란에 대비하는 데 있다. 우리나라 사람들이 모두 이에 의거해 살아간다면, 민심의 단결이 어찌 기약하기 어렵겠는가?

무릇 국가의 강약은 주로 민심이 얼마나 단결하였는지에 달려있다. 만약 민심이 결합되지 않으면 성채와 군함도 의지하기에 부족하고, 민심이 결합되면 백만의 강적도 우리를 어찌할 수 없다. 그러므로 칙어의 주의에 의거하여 민심을 결합해야 한다는 절박함이 오늘날과 같은 적이 없었다. 그러나 칙어는 글이 간략하고 담긴 뜻이 많아, 사람들이 그것을 해석하는 데 어려움을 겪을 우려가 있다. 이것이 내가 부족함을 무릅쓰고, 감히 연의衍義[4]를 지어 널리 학생들에게 그 뜻을 가르치고자指示하는 이유이다.

예로부터 일본과 중국의 학자들은 효제충신을 실천해야 한다는 것을 정해진 도리처럼 이야기해 왔다. 나는 지금 효제충신이 어째서 큰 덕의德義인지를 증명하였다. 다시 말해, 옛사람들은 무엇이 사람의 덕의인지를 논변하였고, 나는 그것이 왜 사람의 덕의인지를 해석하였다. 이것이 내가 옛사람보다 한 걸음 더 나아간 바이다. 공동 애국의 요체는 본래 동양에 있었지만, 예부터 그것을 설명한 자는 극히 드물었다. 그러므로 나는 지금 공동 애국도 효제충신과 마찬가지로 큰 덕의임을 설명한 것이다.

효제충신 및 공동 애국의 주의는 국가에 하루도 결여되어서는 안 되는 것이므로, 고금을 막론하고, 동서를 불문하고, 국가를 조직한 이상 반드시 이 주의를 실행해

4) 해설서.

야 한다. 우리나라 사람도 태고 이래로 지금까지 하루도 효제충신 및 공동 애국의 정신을 저버린 적이 없었다. 그러나 근래에 사회가 급격히 변화하고 서양의 학설과 교의教義 등이 동양에 전래됨에 따라, 세상 사람들이 다기망양多岐亡羊[5]하여, 결국 하루도 국가에 결여되어서는 안 될 효제충신과 공동 애국의 주의조차 혼란 속에서 그 옳고 그름을 의심하게 되었다. 결국 황송하게도 금상 천황 폐하를 번거롭게 하여, 몸소 칙어를 내려주시어 그것이 하루도 국가에 결여되어서는 안 되는 이유를 명확히 할 필요가 생겼다는 것은 아래 신민인 자들이 깊이 부끄럽게 여기고 반성해야 할 바이다.

본디 덕의의 정신은 고금이 동일하며 조금도 변하지 않지만, 그것을 실행하는 양상은 시대적 상황時世에 따라 달라질 수밖에 없다. 이는 독자들이 특히 깊이 생각해 보아야 할 점이다. 설령 훗날 이에 반하는 윤리 사상이 생겨난다고 해도 우리 국민은 그것을 필요로 하지 말아

5) 잃어버린 양을 찾아 나섰으나 갈림길이 많아 끝내 찾지 못했다는 고사로, 학문의 갈래가 많아 오히려 진리에 도달하기 어려움을 의미한다. 『열자(列子)』 「설부(雪符)」 편에서 유래한다.

야 한다. 또한 수많은 윤리서를 독파하고도 효제충신 및 공동 애국의 덕의를 알지 못하는 자는 그저 이리저리 샛길을 헤매다 평탄하고 바른길을 알지 못하는 자라고 할 수 있다.

누구도 부모를 잔혹하게 대하는 것을 선행이라고 하지 않을 것이다. 어른을 공경하는 것을 악행이라고 하는 자가 세상에 있겠는가? 주군에 대해 충성하고 행동을 공손히 하는 것을 누가 칭찬하지 않겠는가? 주군을 업신여기고 해를 입히는 일은 국가의 질서를 어지럽히는 일인데 누가 이를 두려워하지 않겠는가? 친구 사이에 거짓말을 해서는 안 된다는 것은 누구라도 수긍하는 바일 것이다. 또한 국가의 재난을 초래하는 자는 모두가 비난할 것이며, 국가의 복지를 증진하는 자는 모두가 칭찬할 것이다. 그러므로 효제충신 및 공동 애국이 덕의임은 태양이 하늘에 있는 것처럼 명백한 사실이다. 그런데 내가 귀국한 이래, 나에게 일본의 도덕 교육德育을 앞으로 어떻게 해야 하는가 하고 묻는 사람이 적지 않았다. 이러한 사람들은 육안은 있지만, 정신세계心象世界의 맹인이라고 하지 않을 수 없다. 왜냐하면 효제충신 및 공동 애국처럼 명료하여 의심할 수 없는 덕의를 인식하지 못하기 때문이다.

무릇 우리나라 사람들이 유럽의 문물을 받아들일 때, 장단점을 가리지 않고 그 나라의 것들을 모두 좋다고 여기고 동양의 것은 모두 낡은 것으로 여기고 멀리하여, 결국 동양 고래의 덕교마저도 아울러 폐기하려고 하는 데 이르렀다. 이로 인해 사람들이 무엇을 따라야 할지 알지 못하고, 각자 자기가 보고 들은 것에 이끌려 민심이 사분오열되는 안타까운 상황이 벌어졌다. 이래서야 국가의 부강富强을 꾀한다 한들 어찌 이룰 수 있겠는가?

지금 다행히 칙어를 내려주시니 우리 국민이 칙어에 따라, 자녀를 가르칠 때 효제충신 및 공동 애국의 주의로써 한다면, 일본 국민은 수십 년도 되지 않아 면모가 크게 개선될 것이다. 메이지 유신 이래 오늘날까지는 주로 외형적 개량을 이루었다면, 지금부터 이후로는 외형적 개량과 함께 정신적 개량을 도모해야 한다. 만약 자녀들이 모두 국민적 교육을 받으며 성장한다면, 장차 우리나라는 저절로 통합을 이루게 될 것이다.

독자들은 이 책이 분량이 많지 않다고 얕잡아 봐서는

안 된다. 책이 반드시 분량이 많아야 할 필요는 없다. 큰 쇳덩이가 작은 금강석의 귀중함에 미치지 못하듯, 몇 장 되지 않는 소책자도 그 논지에 따라서는 두꺼운 저술보다 뛰어날 수 있기 때문이다.

물리적 세계에서 사물의 현상은 다양하게 변화하지만 그 이치는 변하지 않는다. 이는 윤리 세계에서도 마찬가지이다. 인류의 행위는 때와 장소에 따라 달라져도 인류의 상호 관계를 규정하는 효제충신 및 공동 애국의 주의는 예나 지금이나 변하지 않는다.

과연 그렇다면, 이 책은 분량은 적지만 그 논하는 바는 매우 중대하니, 우리나라의 장래의 교육에 관한 논의가 어찌 하찮다 하겠는가? 그렇지만 나는 아직 이 책이 완전무결하다고 생각하지 않는다. 지금부터 널리 세인의 평가를 듣고, 점차 개정, 증보하고자 한다. 책이 완성됨에 즈음하여, 책머리에 몇 마디 말을 적어 이 책을 읽는 사람들에게 전한다.

1891년 7월 25일

이노우에 데쓰지로 쓰다.

칙어연의 上

문과대학교수 이노우에 데쓰지로 저술
문학박사 나카무라 마사나오 검수

짐이 생각건대, 우리 황조황종[6]께서 나라를 여심은 원대하며, 덕을 세우심은 깊고 두터우시니라.

朕惟フニ我カ皇祖皇宗國ヲ肇ムルコト宏遠ニ德ヲ樹ツルコト深厚ナリ

태곳적에, 니니기노미코토瓊瓊杵命께서 천황의 조상 아마테라스 오미카미天照大御神의 명령[7]을 받들고 강림하신

---

6) 황조(皇祖)는 천황가의 시조격인 조상으로 아마테라스 오미카미에서 제1대 진무천황까지를 의미하며, 황종(皇宗)은 이후로 역대 천황들을 의미한다.

7) 일본 건국 신화에서 천황가의 조상신 아마테라스 오미카미가 일본을 건국하고 다스리게 하기 위해 손자 니니기노미코토에게 내린 명령으로, 이른바 '천양무궁의 신칙'을 의미한다. 『일본서기』의 「신대(神代)」 권 '일서(一書)'에 기록된 "도요아시하라노치이오아키노 미즈호노쿠니(일본)는 나의 자손이 군주가 되어야 할 땅이다. 너 황손은 가서 다스리거라. 가거라. 왕통이 흥성하여 천지와 함께 무궁할 것이다."라는 구절의 내용으로, 천황의 황위의 기원과 정통성을 보여주는 근거로서 메이지 시대 이

후로 열성列聖[8]이 계승되었다. 진무천황神武天皇[9]에 이르러 마침내 간악한 무리를 토벌하고 역도들을 멸망시켜 사해를 통일하시고, 처음으로 정치를 행하여 백성을 다스려 우리 대일본제국을 세우셨다. 따라서 우리나라는 진무천황의 즉위를 나라의 기원으로 하며, 진무천황의 즉위로부터 오늘날에 이르기까지 황통이 이어져 실로 2,550여 년의 장구한 세월을 경과하며 황실의 위엄을 점점 떨치게 되었다. 이는 세계에서 전혀 비할 바 없는 일로서, 우리나라가 만국 사이에서 월등히 빼어난 이유이다. 그러나 옛 황조황종께서 세우신 덕이 지극히 깊고 두텁지 않았다면, 어찌 이와 같이 번영할 수 있었겠는가?

우리 신민이 지극한 충과 효로써
我カ臣民克ク忠ニ克ク孝ニ

우리나라는 예부터 충성스럽고 의로운 인물이 많아

래로 극히 중시되었다.

8) 여러 성스러운 군주.

9) 일본의 제1대 천황으로 신화적 인물이다.

서, 국가의 안위와 관련된 일이 있을 때 집안의 번영과 쇠락을 돌아보지 않고, 국가를 위해 사방으로 분주하며, 몸을 버리고 목숨을 던져 황실과 황위를 옹호하였다. 안으로는 비도匪徒들을 막고 밖으로는 외적에 맞서는 자가 예부터 끊이지 않았다. 즉, 후지와라노 가마타리藤原鎌足[10]가 소가노 에미시蘇我蝦夷[11] 부자를 쳐서 황실을 부익扶翼한 일, 와케노 기요마로和氣清麿[12]가 직언하여 요승

---

10) 후지와라 가문의 시조로 나카노오에 황자(中大兄皇子, 훗날 제38대 덴지 천황)를 도와 소가(蘇我)씨 가문을 무너트리고 다이카 개신에 공을 세웠다. 본래 성은 나카토미(中臣)씨였다.

11) 아들인 소가노 이루카(蘇我入鹿)와 함께 소가씨의 권력의 정점을 이끌었다. 이에 반발한 후지와라노 가마타리와 나카노오에 황자가 소가노 이루카를 암살하자 소가노 에미시는 저택에 불을 지르고 자결하였다. 이로써 소가씨가 멸망하였고(乙巳の變), 645년 다이카 개신이 이루어졌다.

12) 나라 시대 말기의 충신. 和気清麻呂로도 표기한다. 본문의 요승은 승려 도쿄(道鏡)를 일컫는 것으로, 도쿄가 우사하치만궁(宇佐八幡宮)의 신관과 결탁하여 도쿄에게 황위를 넘기면 천하가 태평해진다는 신탁을 날조하여 황위를 계승하려 하였다. 쇼토쿠 천황(稱德天皇)이 와케노 기요마로를 보내 신탁의 진위 여부를 확인하게 하였고, 도쿄의 회유가 있었으나 기요마로는 이를 거부하고, "하늘의 해는 반드시 천황의 가문이 잇게 하라. 무도한 자(도쿄)는 마땅히 속히 쓸어 제거해야 한다(天の日繼は必ず帝の氏を繼がしめむ. 無道の人は宜しく早く掃い除くべし)."라는 신탁을 가지고 왔다. 이 일로 기요마로는 유배를 갔으나, 도쿄의 실각 후

妖僧의 간담을 서늘하게 한 일, 스가와라노 미치자네菅原道眞[13]가 성심으로 후지와라의 위세와 권력을 억제한 일 등은 모두 충군의 마음에서 나온 것이며, 또 사카노우에노 다무라마로坂上田村麿[14], 닛타 요시사다新田義貞[15], 나와 나가토시名和長年[16], 기타바타케 지카후사北畠親房[17] 등도

복귀하였다. 충신의 상징으로 여겨진다.

13) 헤이안 시대의 정치가, 학자. 후지와라 일족이 외척의 지위로 권세를 휘두르던 시기에 우다이진(右大臣)이 되어 개혁을 시도하며 후지와라 씨와 대립하였다. 후지와라노 도키히라(藤原時平)의 참언에 의해 좌천된 후 죽었다. 사후 덴만구(天滿宮)에서 학문의 신으로 숭배받고 있다.

14) 헤이안 시대의 무인. 坂上田村麻呂로도 표기한다. 세이다이쇼군(征夷大将軍)으로서 일본 북부 토착세력인 에미시(蝦夷) 정벌에 공을 세웠다. 후대에 스기와라노 미치자네와 더불어 각각 문무의 상징적 존재로 여겨졌다.

15) 남북조 시대의 무장으로 본명은 미나모토노 요시사다(源義貞)이다. 겐코의 난(元弘の乱, 1331~1333) 중에 고다이고 천황(後醍醐天皇)을 위해 거병하여 호조(北條)씨와 가마쿠라 막부를 멸망시켰다. 고다이고 천황의 겐무 신정(천황 친정 체제 부활)에 반기를 든 아시카가 다카우지(足利尊氏)와 싸우다가 전사하였다.

16) 남북조 시대의 무장으로 고다이고 천황이 유배를 갔던 오키(隱岐)에서 탈출했을 때 군사를 일으켜 맞이하였으며, 천황을 보좌하여 가마쿠라 막부 타도에 가담하였다. 아시카가 다카우지와 싸우다가 전사하였다.

17) 남북조 시대의 무장이자 역사가로, 고다이고 천황을 요시노로 몰아내고 교토로 입성한 아시카가 다카우지가 고묘 천황을 내세워 북조를 세우

모두 자신의 안위를 생각하지 않고, 충절을 드러낸 자들이라고 할 수 있다. 특히 구스노기 마사시게楠正成[18] 및 마사쓰라正行가 황실을 위해 목숨을 던져 신민의 절의를 완수한 것은 실로 천세千歲에 닳아 없어지지 않을 미담美譚이다. 또 후지와라노 후지후사藤原藤房[19]는 극히 급박한 상황에서 스스로 위험을 무릅쓰고 황실을 부익하였고, 고지마 다카노리兒島高德[20]는 여러 차례 위급한 상황에 처해서도 그 절의를 바꾸지 않고 분전하여 결사적으로 싸우다 목숨을 잃었는데, 이 또한 모두 후세인들이 흠모하는 바이다. 그 외에 기쿠치 다케토키菊池武時[21], 유키 무

자, 이에 맞서 남조를 지키기 위해 분투하였다. 『신황정통기(神皇正統記)』를 지어 남조의 정통성을 주장하였다.

18) 남북조 시대의 무장으로 고다이고 천황을 보좌하여 가마쿠라 막부를 멸망시켰다. 아시카가 다카우지 군과 싸우다 패하여 자결하였다. 마사쓰라는 마사시게의 장남이다.

19) 고다이고 천황의 측근으로 겐코의 난 당시 천황을 가사기야마(笠置山)로 피신시켰다. 가사기야마 함락 시 붙잡혀 히타치(常陸)로 유배되었다.

20) 비젠의 호족으로 고다이고 천황의 막부 타도에 가담하였으며, 남조의 충신으로 전해진다. 그의 배경이나 행적에 대해서는 불분명하며, 여러 설이 있다.

21) 고다이고 천황의 막부 타도에 가담하여 규슈의 무사들도 가담하라는 명령에 따라 거병하였다. 규슈의 무사단 중 기쿠치 가문만이 가담하여, 진

네히로結城宗廣[22] 역시 충성지사忠誠之士이다. 우리나라 사람은 예부터 이처럼 충의의 마음이 깊어 건국 초부터 지금에 이르기까지 패역잔포悖逆殘暴[23]하게 감히 신기神器[24]를 넘보는 자가 거의 없었다. 이 또한 해외의 만국이 우리나라에 미치지 못하는 바이다.

또 부모를 잘 섬기고 조상을 깊이 숭경崇敬하는 풍속은 원래 동양의 일반적 관습이지만, 특히 우리나라에서는 조상을 존숭하는 풍속이 매우 번성하여, 예부터 효행을 드러내 마을에서 널리 칭송한 이들이 셀 수 없이 많았다. 즉 하세쓰카베노미치노 오지마로丈部路祖父麿, 아즈마로安頭麿, 오토마로乙麿 삼 형제[25]는 어린 몸으로 관노

제이 단다이(鎭西探題, 가마쿠라 막부가 규슈를 통치하기 위해 만든 기관)로 쳐들어갔다가 일족이 전사하였다.

22) 고다이고 천황을 따라 막부 타도에 가담한 남조의 충신이다.

23) 도리에 어긋나 불순하며 잔학하고 포악함.

24) 삼종의 신기(三種の神器)는 일본 건국 신화에서 니니기노미코토가 아마테라스 오미카미의 명을 받고 지상으로 내려올 때 아마테라스에게 받은 세 가지 보물로서, 거울(야타노카가미, 八咫鏡), 검(아메노무라쿠모노쓰루기, 天叢雲劍 또는 구사나기노 쓰루기, 草薙劍), 곡옥(야사카니노마가타마, 八尺瓊勾玉)을 말한다.

25) 『속일본기』 권17에 보이는 이야기로, 나라 시대의 일이다. 오지마로

가 되어 아버지의 죄를 갚고자 청을 하였고, 또 와니베노 아키마로丸部明麿[26]는 효도를 극진히 하여 부모가 노쇠하였을 때 그 집이 십 리 밖에 있는 것도 마다하지 않고 아침저녁으로 왕래하며 문안을 게을리하지 않았다. 이는 모두 부모를 깊이 경애하는 마음에서 나온 것이다. 그 외에 하세쓰카베 지샤쿠丈部智積, 야마토노 하타야스倭果安, 나라노코치노마로奈良許知麿, 고타니노 이오요리小谷五百依, 야타베노 구로마로矢田部黑麿, 도모노 야카누시伴家主, 다카라베노 즈구마로財部繼麿, 니우노 히로요시丹生弘吉, 가자하야노 도미마로風早富麿 등도 모두 효행으로 알려졌고[27], 그중에서는 전조田租를 면제받고 마을에서 널리 칭

(12세), 아즈마로(9세), 오토마로(7세)는 한 하급 관리의 자식이었다. 그들의 아버지는 세 아들을 부양하기 위해 관청의 옻을 훔쳤다가 유배형에 처해졌다. 이에 세 아들은 자신들이 관노의 신분이 되어 아버지의 죄를 대신 갚게 해달라고 청하였고, 겐쇼 천황(元正天皇)은 그 청을 받아들였다.

26) 헤이안 시대 전기의 관인. 18세에 헤이안쿄에서 관인으로서 오랫동안 조정을 섬겼다. 사누키국(讃岐国) 미노군(三野郡)의 대령(大領)으로 임명되었으나 아버지에게 관직을 양보하고 부모를 극진히 돌보며 효행하였다. 848년 닌묘 천황(仁明天皇) 때 그 효행으로 인해 사누키국 국사(国司)의 추천을 받아 천황의 명으로 3계급 승진되고 조세를 감면받았다.

27) 대부분 효행으로 종신 면세를 받은 사람들이다.

송받은 자들도 많다. 다이라노 시게모리平重盛[28] 및 호조 야스토키北條泰時[29] 등도 모두 효행으로 세상에 알려져 있다. 그러므로 후세의 일본인 또한 효도를 잘 실천하여, 결코 옛사람들에게 부끄럽지 않도록 해야 한다.

억조창생의 마음을 하나로 하여 대대로 그 아름다움을 다하는 것은

億兆心ヲ一ニシテ世世厥ノ美ヲ濟セルハ

우리나라가 공고鞏固한 이유는 억조창생이 한마음으로 천황 폐하의 명령을 따르는 것이, 마치 사지四肢가 정신의 뜻에 따라 움직이되 조금도 지체하지 않는 것과 같기 때문이다.

무릇 국가는 하나의 유기체로서 하나의 주의로 일관하여야 하며, 결코 민심을 여럿으로 나뉘게 해서는 안 된다. 결합과 일치는 실로 국력을 강하게 하는 방법으로, 비유하자면 한 그루의 나무는 약하지만 그것을 모아

---

28) 다이라노 기요모리의 장남으로 온화한 인품의 소유자로 평가받았다.

29) 가마쿠라 막부의 3대 싯켄(執權)이다. 덕정(德政)으로 칭송받았다.

서 묶으면 쉽게 부러지지 않는 것과 같다. 신민이 모두 결합하여 하나의 유기체가 되어 군주에게 복종하고 군주 또한 하나의 주의로 신민을 통합하고 결속시키면, 비로소 국가의 기초는 공고해진다. 어떤 외적이 침입해 온다고 해도 크게 두려워할 것이 없다. 왜냐하면 견고한 철옹성도 민심이 굳게 화합하고 일치하는 것보다 못하며, 거대한 대포와 강한 병기로도 그것을 어찌할 수 없기 때문이다.

무릇 북미의 여러 주들이 1776년에 연합하여 독립을 하였고, 이탈리아가 1870년에 전국을 통일하여 국가의 기초를 다졌고, 독일의 여러 주들 또한 1871년에 연합하여 대제국을 세운 것 등은 모두 동일한 심성 및 언어, 풍속, 역사 등을 가진 이들을 결합하여 국력을 크게 양성하였기 때문이다.

그런데 우리 국민은 예부터 혼연일체渾然一体를 이루어, 각자 겉모습은 달라도 충효의 마음은 완전히 동일하여 서로 어긋나는 일이 거의 없었다. 이는 대대로 이룩해 온 아름다운 바이니, 후대의 일본인은 반드시 이 아름다운 국체를 손상시키는 일이 없도록 해야 한다.

우리 국체의 정화이며 교육의 연원 또한 실로 여기에 있다.

此レ我カ國體ノ精華ニシテ教育ノ淵源亦實ニ此ニ存ス

우리 황조황종께서 나라를 여신 것은 극히 원대하고, 또 그 덕을 세우신 것은 매우 깊고 두텁다. 아래로 신민들 또한 예부터 마음을 하나로 하여 충효의 도를 다한 것은 곧 우리나라의 명예이며 만국에서 탁절한 이유가 실로 여기에 있으므로, 우리나라의 교육은 이를 기초로 시행되어야 한다. 이는 단지 먼 훗날 자손들을 위하여 도모하는 데 그치는 것이 아니다. 군주와 조상들의 은혜를 오래도록 잊지 않는 것은 실로 동양에 일반적인 아름다운 풍속美風이지만, 우리 황조황종의 위업만큼 수천 년의 오랜 세월에 걸쳐 전해진 예는 없으며, 또 우리 국민만큼 군주에게 충성하고 부모에게 효도한 이들은 없다.

그런데 한 나라의 군주가 신민을 위해 간절한 마음을 다하고 신민은 군부君父에게 충효를 다하는 것은 지극히 큰 덕의德義로, 비록 세상에 이에 반하는 가르침이 있더도 우리나라에서는 그것을 조금도 받아들일 필요가 없다. 왜냐하면, 군주가 신민을 사랑하고 어루만지는 것은 자선慈善의 마음에서 비롯되고, 신민이 군부에게 충효하는 것은 은의恩義를 잊지 않는 데에서 비롯되기 때문이다. 신민이 은의를 잊는 것은 금수만도 못한 일이고, 군주가 자선의 마음이 없는 것은 그 천직을 다하고 있지 않은 것이다.

이로써 보건대, 우리나라가 동양의 여러 나라 사이에서 단연 뛰어난 것은 군신과 부자의 관계가 그 마땅함을 얻은 데에 기인한 것임을 알아야 하며, 교육의 기본으로 삼아야 할 것 또한 그에 다름 아님을 깨달아야 한다.

무릇 교육은 국민의 역사, 관습, 성격 등에 따라 시행해야 한다. 이를 '국민적 교육'이라고 한다.

그런데 만약 유럽의 교육법을 채택하여 곧바로 우리나라에서 시행하려고 하면, 국민에게 적합하지 않은 부분이 적지 않으므로 이익이 생기기보다는 오히려 폐해를 초래하는 일이 많을 것이다.

무릇 교육법은 본래 각 나라의 신민에게 적합하게 발전해 온 것이다. 그럼에도 타국의 교육법을 채택하여 곧

바로 그것을 우리나라 사람에게 적용하는 것은, 마치 서양인이 입던 옷을 사와서 곧바로 우리나라 사람에게 입히는 것과 같아, 지나치게 크거나 작아서 몸에 맞지 않을 것임은 논할 필요도 없는 일이다.

그러므로 교육은 먼저 국민적·역사적 사상에 기초하여 정해야 한다. 그런데 우리나라에는 예부터 충효의 가르침이 있다. 지금 이것을 제쳐두고 따로 교육의 기초를 찾는 것은 밝고 평탄한 바른길正道을 싫어하여, 어둡고 험한 잘못된 길邪路을 찾으려고 하는 것과 같다.

그대, 신민들은 부모에게 효도하고

爾臣民父母ニ孝ニ

군주와 신민의 관계는 마치 부모와 자식의 관계와 같다. 즉, 한 나라는 한 가족을 확충한 것으로, 한 나라의 군주가 신민을 지휘하고 그들에게 명령하는 것은 한 가족의 부모가 자애로운 마음으로 자식을 타일러 이끄는 것과 같다. 그러므로 지금 우리 천황 폐하께서 온 나라에 대하여 "그대, 신민들"이라고 부르시니, 신민들은 모두 자식이 엄부자모嚴父慈母를 대하는 마음으로 삼가 듣고 감사하며 깊이 새겨야 한다.

자식이 부모에게 특별한 친애를 느끼는 것은 혈연에서 비롯된 것으로, 실로 자연스러운 정에서 우러나오는 것이다. 즉 자식의 몸은 부모가 낳은 것이고, 부모는 자식이 유래한 근원이다. 그러므로 부모에게 효를 행해야 하는 것은 실로 필연적인 귀결이라 할 수 있다.

또한 인류는 모두 선조의 업을 계승하여 그것을 자손에게 전하려는 정신을 지니고 있다. 즉 인류는 역사적 의식을 가지고 있어서, 다른 동물들처럼 부모가 자식을 잊고 자식은 부모를 잊은 채 각자의 생활을 영위하며 세대마다 완전히 남남이 되는 것들과는 크게 다르다. 이른바 효는 한 집안을 온전히 이어가게 하는 것으로, 인류가 다른 동물보다 월등히 뛰어난 점이 실로 여기에 있다.

또한, 오랫동안 은의를 잊지 않고 이에 보답하는 것은 실로 인간의 미덕으로, 만약 이를 몸소 실천한 자가 있으면 사람들이 그것을 듣고 감탄하며 칭찬하지 않을 수 없다. 그런데 인류만큼 성장하는 데 긴 세월이 필요한 존재는 없다. 다른 동물들은 대부분 1년이 지나지 않아

독립된 생활을 할 수 있지만, 인류는 1~2년으로는 걸을 수도 없고, 비록 걸을 수 있다고 해도 여전히 홀로 다니며 자력으로 생활할 수 없다. 독립된 생활을 할 수 있으려면 적어도 20년이 지나야 한다. 특히 오늘날처럼 고등 교육이 필요한 세상에서는 20년도 독립하기에 충분하지 않다. 그렇다면 자식이 부모에게 의지하며 양육을 받는 것이 실로 20여 년의 긴 세월에 이르는 것이 아니겠는가?

그뿐 아니라, 사람의 체질은 다른 동물과 비교하면 훨씬 연약하고 굳세지 못하기 때문에, 만약 어릴 때 무인도에 놓아두면 4~5세의 아이라고 해도 결코 그 생경을 보전하는 것이 불가능하며 반드시 굶주려 죽게 된다. 그러므로 아이가 잘 성장할 수 있는 것은 전적으로 부모의 양육이 잘 이루어졌기 때문이라고 할 수 있다. 또 부모가 자식을 양육할 때 몹시 마음고생을 하는 것을 생각하면, 아이가 유약할 때에 잠시도 부모와 떨어지지 않고 부모의 품 안에 있으면 좋아하고, 타인이 안으면 큰 소리로 울고, 부모의 가슴을 침소로 삼고, 좌우 무릎 위에서 장난하며 논다. 부모는 아이 때문에 여름에는 혹서를 두려워하고 겨울에는 혹한을 근심하며, 아이가 울 때에는 온갖 방법으로 달래며, 웃을 때에는 같이 기뻐한다. 아플 때에는 의사를 찾아 약을 구하고, 간병을 위해서 자신의 건강을 해치는 것도 생각하지 않으며 잠시도 자식의 안전을 생각하지 않는 때가 없다. 시간이 흘러 아이가 성장하면, 배가 고프면 부모에게 밥을 달라고 하고, 추우면 부모에게 옷을 달라고 하며, 만사를 오직 부모에게 의지한다. 6~7세부터 학교에 들어가 학예를 배울 때, 부모는 오직 그 성취가 빠르기를 바라고, 20세 이상이 되면 독립된 길을 가게 하며 장래의 번영을 간절히 바란다. 과연 그렇다면, 부모가 양육할 때의 노고는 인간이 가장 잊어서는 안 되는 큰 은혜이므로, 그것을 마음속에 깊이 새기고 항상 부모에게 효도하고 봉양하여 그 큰 은혜의 만 분의 일이라도 보답하려는 생각을 해야 된다.

또한, 자녀를 가르치고 훈육하는 것은 가정에서의 훈도薰陶가 가장 중요하다. 왜냐하면, 어린이들은 새싹처럼 유연하여 잘못을 교정하기가 상당히 쉬워서 가정에서 어떻게 훈도하였는지에 따라 그 성격의 발달이 정해지기 때문이다. 만약 엄격한 아버지에게서만 본받으면 강직한 쪽으로만 흐르기 쉽고, 자애로운 어머니에게서만 본받으면 유연한 쪽으로만 치우치기 쉽다. 그러므로 중정中正한 성격을 형성하기를 바란다면, 양친의 훈도가 모두 필요하다.

이러한 점에서 보면, 부모를 사랑하고 공경해야 함은 논할 것도 없다. 사랑은 다른 동물에게도 있지만, 공경은 인류가 전유專有하는 것이다. 그러므로 효를 극진히 하고자 한다면, 부모를 사랑하고 또한 공경해야 한다.

무릇 노년에 이르러 여생이 얼마 남지 않은 자를 보면, 타인의 부모라고 해도 저절로 연민의 마음이 생기게 된다. 그런데 눈앞의 자신의 부모가 노쇠하여 이가 빠지고, 눈이 흐리고, 몸이 야위고, 허리가 굽어있으면 더욱 애처롭고 측은한 마음이 드는 것은 인정상 당연한 일이다. 그러므로 우리가 어릴 때에 부모님이 우리를 사랑하고 돌봐준 것처럼, 우리 또한 성실한 마음으로 부모님을 위로하고 효도하며 봉양해야 한다.

부모는 자녀의 성장에 따라 늙어가는 존재로 자녀보다 한 세대 앞선 사람이다. 즉 자녀가 하루 성장하면 부모는 하루 늙어가고, 자녀가 독립하여 부모를 봉양할 시기가 되면, 부모의 남은 생은 이미 얼마 되지 않는다. 만약 이때 효도하지 않으면, 부모가 돌아가신 후 아무리 부귀해도 부모를 봉양할 길이 없어 후회를 견디기 힘든 자가 있을 것이다.

생각건대, 개나 원숭이 같은 짐승조차 때때로 은의를 아는 경우가 있다. 그런데 만약 인간으로서 은의를 잊는다면, 실로 금수에도 미치지 못하는 자로서, 가장 천시하고 꺼려해야 할 썩은 고깃덩어리에 불과하다. 그러므로 부모를 공경하고 사랑하는 것은 인륜의 지극히 중요하고 큰 것임은 물을 것도 없이 명백하다.

무릇 인간은 반드시 모두 결국에는 노쇠하게 되는데, 이미 쇠하여 남은 힘이 없을 때에 우리를 봉양하고 사랑해 주는 이가 없으면 그 불행은 지극히 심한 것이다. 그러므로 우리 자손이 훗날 우리에게 효성스럽기를 바란다면, 우리가 먼저 몸소 그 선례가 되어 우리의 부모를 공경하고 사랑해야 하며, 그렇지 않으면서 자손이 우리에게 효성스럽기를 바랄 수 없는 것이다. 그런데 이는 모두 부모가 살아계실 때의 효이다. 부모가 이미 돌아가셨으면, 반드시 예로서 장사를 지내고, 오랫동안 향화香花가 끊이지 않도록 해야 한다. 남자는 더 나아가 사회에 유익한 업적을 이루어 세상에서 한 사람의 명사名士로 불리고, 여자는 여덕女德을 닦아 정숙한 부인으로서 아름답고 친절하다는 명성을 얻어, 부모의 이름도 함께 드높이는 데 이르러야 비로소 효도를 다하였다고 할 수 있다.

이처럼 자손 대대로 이어가며 효도를 실천하여 부자간의 큰 윤리를 지켜나가는 것은 한 집안의 미담이 될 뿐 아니라, 우리나라의 명예를 빛낼 수 있는 선하고 아름다운 풍속이라고 할 수 있다.

형제와 우애하며,
兄弟ニ友ニ

부부가 있어야 부자父子가 있고, 부자가 있은 후 형제자매가 있다. 형제자매는 한 나무에서 나온 가지와 잎처럼 매우 가까운 혈족으로, 부자나 부부 사이의 친밀함과 마찬가지로 한 집안에서 생겨난다. 또한 모두 함께 양육되는 자들로 서로 사랑해야 할 강한 이유를 가진 자들이다. 그러므로 형과 누나는 동생을 사랑하며 아끼고, 동생 또한 형과 누나를 깊이 공경하고 사랑하며, 만사를 서로 상부상조하고 형제끼리 서로 반목하며 싸우는 일이 없어야 한다.

자식은 부모가 어렸을 때의 모습을 알지 못하고, 이미 노년에 접어든 모습을 본다. 즉 부모는 자식보다 앞선 세대에 속하는 사람이다. 부모는 자식이 어릴 때의 모습에서 점차 성장하는 것을 보며, 그 노후가 어떠할지는 알 수 없다. 즉, 자식은 부모보다 후세대에 속하는 자이다. 그에 비해 형제자매는 다소 나이 차가 있다 해도 부모와 자식처럼 심하지 않고, 서로 장난하며 놀고 함께 성장한 사이이므로 동시대 사람이다. 달리 말하면, 형제자매는 가장 가까운 혈족 중에서 태어날 때부터 죽을 때까지 함께 교제하는 세월이 가장 긴 자들이다. 그러므로 형제자매는 서로 상의하여 함께 일을 하고 그 성과를 함께 볼 수 있는 자들로서, 서로 친밀한 관계에 있다고 할 수 있다.

형제자매의 나이는 부모와 자식만큼은 아니더라도 다소의 차이가 있기 때문에 형과 누나의 지식과 경험이 동생보다 나은 것은 흔한 일이다. 그러므로 동생은 형과 누나를 부모 다음으로 간주하고 그들을 잘 섬겨야 한다. 형과 누나는 동생을 머슴처럼 부려서는 안 되고, 함께 사이좋게 지내며 서로 발전과 성장을 도모해야 한다.

만약 형제자매가 불화하면 가족의 화목을 해치고, 부모에게 불효가 될 뿐 아니라, 자신을 위해서도 좋지 않다.

한 집안은 유기체의 세포와 같은 것으로, 실로 한 나라의 근본이다. 각각의 가정이 화목할 때에는 나라도 평안하다. 반대로 각 가정에 불화하는 사람이 있으면 모든 신민의 마음을 하나로 하는 것이 불가능하기 때문에 국력도 그에 따라 약해지게 된다.

그러므로 세상의 형제자매인 자들은 국가에 대해 중대한 의무가 있는 자들이므로, 항상 이를 깊이 명심하고 서로 친애해야 한다. 하물며 형제자매는 벗보다 더 서로 가까운 자들이지 않은가?

설령 형제자매가 모두 이미 성장하여 각자 가족을 이루어 다른 곳에 산다고 해도 그 우애는 조금도 예전과 달라지지 않아야 하는 것은 물론이고, 더욱 서로 도와가며 생업에 힘써야 한다. 실로 오래도록 형제자매와 함께

하는 것은 오래도록 재물을 갖고 있는 것보다 낫다. 재물은 감정이 없지만, 형제자매는 서로 같은 정을 갖고 있고, 재물은 우리의 보호를 필요로 할 뿐이지만, 형제자매는 우리를 보호하기 때문이다.

부부간에 서로 화목하고
夫婦相和シ

부부는 일가가 이들로 인하여 생겨나는 것으로, 실로 한 나라의 큰 근본이기 때문에 나라를 다스리고자 하는 자는 집집마다 마땅한 도리를 지켜 불화가 생기지 않도록 해야 한다. 또 일가를 다스리고자 하는 자는 먼저 부부가 항상 서로 사랑하여 서로 조금도 어그러지지 않기를 바라야 한다. 일가의 평화는 본래 부부의 화합을 근본으로 하는 것이기 때문이다. 그러므로 지아비는 아내를 사랑으로 어루만져 그 환심을 얻어야 하고, 아내는 지아비를 따르며 함부로 그 뜻에 어긋나지 않도록 힘써야 한다.

무릇 아내는 본래 체질이 연약하여 대부분 노동을 견

디기 어려운 자들이므로, 지아비는 이를 가련히 여겨 힘을 다해 아내를 돕고, 위태롭고 곤란한 상황에 처했을 때에는 더욱 그를 보호해야 한다. 또 아내는 본디 지식과 재량이 대부분 지아비에 미치지 못하는 자들이므로 지아비가 이치에 맞지 않고 도리에 맞지 않는 말을 하는 것이 아니면, 가능한 한 복종하고, 정절을 지키고, 함부로 거스르지 말며, 처음부터 끝까지 고락을 함께할 마음을 가져야 한다. 그러므로 지아비는 자신의 행복만을 추구해서는 안 되고, 자신과 흥망성쇠를 함께하는 아내의 행복 또한 생각해야 한다. 또 절대로 자신의 처를 노비처럼 여겨 가혹하게 부려서는 안 되고, 반드시 자신의 가장 가깝고 친한 동반자로서 종신토록 깊이 사랑하고 아껴야 한다. 사랑하고 아끼는 정은 철쇄처럼 다른 몸체를 결합하여 순식간에 한마음이 되게 한다. 한마음이면서도 몸은 다른 것, 바로 이것이 진실로 서로 화합한 부부이다. 만약 부부가 이와 같으면, 일가의 토대가 단단해져 자손에게도 음덕이 많게 되고, 나라의 신민으로서 조금도 부끄러울 것이 없을 것이다.

혼인하기 전에 지아비는 스스로 아내를 잘 선택하고,

아내도 역시 스스로 지아비를 잘 선택하지 않으면, 간혹 일생을 서로 꺼리고 싫어하며 끝내 서로 화합하지 못하기도 한다. 그러므로 혼인은 결코 경솔하게 해서는 안 되고, 반드시 먼저 스스로 심사숙고하고 아울러 부모의 허락을 얻은 후에 결단해야 한다. 부모 역시 자녀가 어려 아직 장래의 생업 등이 정해지지 않았을 때에 그 혼인을 미리 정하지 말고, 반드시 자녀가 성장한 후에 자녀의 의사를 묻고 결정하거나, 혹은 자녀가 스스로 그 배우자를 선택하도록 하는 것도 괜찮다. 다만, 그 배우자가 매우 부적당하여 행복하게 살 가능성이 없을 때에는 부모가 타이르고 거절하는 것이 좋다.

요컨대, 혼인은 반드시 고상한 애정과 친밀한 관계에 의하여 이루어져야 하며, 재산, 명예 등을 주된 목적으로 결합해서는 안 된다. 그렇다고 오직 일시적인 애정으로 혼인하여 장래의 행복을 전혀 도모하지 않는 것 또한 매우 무분별한 일이다.

지아비는 정숙하고, 정조가 바르고, 온화하며, 경박하지 않은 자를 아내로 맞아야 하고, 아내는 건강하고, 독실하고, 근면하며, 총명한 자를 지아비로 선택해야 한다.

남녀가 이와 같이 그 몸가짐과 성격이 다를 때에는 자석의 양극과 음극이 서로 끌리듯이 저절로 제어할 수 없는 친화력이 생겨, 결국 서로 의기투합하여 부부의 연을 맺고 한 가족을 이루게 된다.

가족을 이루면, 부부는 반드시 분업을 할 필요가 있다. 즉, 지아비는 밖에서 일을 하고, 부인은 집안에서 가사를 담당하며, 서로 의논하고 도우면서 함께 가정의 번영을 이루고, 서로의 성장과 발전을 도모해야 한다.

또한 자녀를 두었다면, 온 마음과 힘을 다하여 그들을 사랑하여 보듬고 잘 길러, 그 집안을 잇고 아울러 사회의 일부분으로서 부끄럽지 않은 신사 또는 숙녀가 되도록 하여야 한다.

여러 자녀를 둔 자는 공평하게 그들을 사랑해야 하고, 결코 애증을 달리해서는 안 된다. 자식은 모두 장래에 성장하여 선량한 신민이 되어 국가를 보좌해야 할 자들이므로, 그들을 자신의 사유물로 보고 가혹하게 부려 그 성장과 발달을 방해해서는 안 된다. 특히 자식이 국가에 유익한 학업에 뜻이 있을 때에는 우선적으로 이를 장려하여, 그 재능을 크게 이루도록 해야 한다. 즉 자식만 부모에 대해 효도를 다해야 할 도의적 의무를 갖는 것이 아니고, 부모 역시 자식을 잘 양육하여 독립적인 길을 가도록 해야 할 의무가 있음을 잊어서는 안 된다. 금수를 기르는 자들조차 그것들을 아끼고 보듬으며 그 성장을 기뻐하는데, 자신의 자식이 잘 성장하여 선량한 사람이 된다면, 그 기쁨이 얼마나 크겠는가! 하물며 부모의 피와 살은 자손에게 전해져 영원히 이어지지 않는가?

부모로서 진실로 그 자손의 발달을 바란다면, 아직 늙지 않았을 때에 재산을 축적하여 만년의 자산에 충당해야 하며, 겨우 50~60세에 은퇴하여 자손의 수고에 의지해 생활할 생각을 가져서는 안 된다. 만약 그렇게 하면 자손의 성장과 발전을 방해할 뿐 아니라, 부모인 자신들의 삶 또한 속히 쓸모없게 하는 것이다. 그러므로 부모는 노동을 감당할 수 있는 한, 부지런히 일하여 자립할 수단을 갖고 자손이 충분히 성장하고 발전할 수 있게 해야 한다.

무릇 혼인은 남녀 모두 신체가 충분히 발달했을 때에 해야 한다. 만약 그렇지 않고 함부로 조혼을 하면, 충분히 학업을 익힐 틈이 적어질 뿐 아니라 신체도 충분히 발달하지 못하기 때문에 작고 약한 아이를 갖게 된다. 그 결과 국가에 허약한 인민을 증가시켜, 국가의 역량을 약화시키게 될 것이다. 왜냐하면, 국가의 강함은 주로 허약한 인민이 적고 공적인 일公事에 진력할 건강한 자가 얼마나 많은지에 기인하는 것이기 때문이다.

벗과 서로 신뢰하며,
朋友相信シ

무릇 인간은 혼자서는 일을 하기 쉽지 않다. 또한 질병, 사고 등 무엇보다도 타인의 위로나 도움이 필요한 때에 친척 외에 친구로서 정을 나누고 마음을 함께할 자가 있는 것은 모두가 항상 간절히 바라는 바이다. 특히 홀아비, 과부, 고아, 독신이거나 혹은 객지 생활을 하고 있는 사람에게 좋은 벗은 혹 친척보다 필요한 존재일 수 있다.

오늘날 세상은 교통이 크게 발달하고 새로운 사업이 생겨남에 따라, 사회의 조직이 점점 변하여 공동의 사업이 증가하고 회사를 세워 함께해야 할 일이 적지 않기 때문에, 더욱 벗과의 친밀한 교제가 요구된다. 만약 사람이 친구가 없으면, 사회 속에서 고립되고, 본국에 있어도 타국에 있는 듯한 적막감이 생기게 된다.

그러나 친구는 무엇보다도 잘 선택해야 한다. 만약 그렇지 않고 흉악한 사람과 교제하면, 마치 썩은 공기 속에서 오랫동안 머물면 이에 익숙해져 몸에 악취가 밴 것을 알지 못하는 것처럼 점점 자신도 흉악해진다. 그러므로 친구는 반드시 선량한 사람을 택해야 한다. 마치 맑은 시냇물 속에 놓인 돌이 깨끗한 물결에 닿아 점점 깨끗해지는 것처럼 항상 선량함에 감화되고자 해야 한다.

친구와 교제하는데 만약 신의信義를 지키지 않으면, 서로 의심하게 되어 사귀어 온 정이 곧 냉담해지게 된다. 그러므로 친구 간에는 무엇보다도 신의를 잃지 않도록 해야 한다. 신의는 친구와의 교제를 공고히 하는 둘도 없는 수단이다. 만약 신의에 따라 교제하면 설령 몸은 죽는다고 해도 우의友誼는 끊어지지 않는다. 만약 신의를 지키지 않으면, 친구가 모두 떠나 다시 맺어질 수 없는 사이가 된다.

무릇 인간은 사회적 동물로서, 본래 동류를 찾는 경향

이 있으며 무리를 떠나 홀로 사는 것은 본성이 아니다. 금수조차 동류를 찾는데 하물며 사람은 어떻겠는가! 그러나 사람마다 얼굴이 다른 것처럼 마음도 서로 다르기 때문에, 감정이나 의견, 직업 등이 비슷한 자들이 모여 친구가 된다.

친구는 나와 방향을 같이 하는 자로서, 나에게 큰 힘을 더해주는 자이다. 나 한 사람으로는 힘이 미약해도, 친구가 있어서 나와 함께할 때에는 힘이 순식간에 배가 하게 된다. 그러므로 친구는 내 몸 밖에 있는 나이며, 나 또한 친구의 일부분이다. 나와 친구는 몸은 달라도 마음은 하나인 자라고 할 수 있다. 친구는 자연스럽게 맺어지는 사이로, 언제나 서로 도와 일을 해야 한다. 그러므로 노동력은 물론이고 재산 혹은 명예로운 지위라고 해도 친구를 위해서는 조금도 아까워할 것이 없으며, 기꺼이 그것을 내던져 버리고 긴급한 상황에서 구해낼 생각을 해야 한다.

그러나 국가의 안위와 관련하여 몰래 나쁜 일을 꾸미는 등의 일은 친구라고 해도 결코 따라서는 안 된다. 설령 자신이 판사가 되어 친구를 재판할 때에도 조금드 사심을 개입시켜서는 안 되는 것은 물론이다. 재판은 판사로서 하는 것이지 친구로서 하는 것이 아니기 때문이다. 또 친구 사이가 반드시 영원해야 되는 것은 아니고, 만약 친구가 나쁜 일을 하여 이에 대해 충고를 해도 듣지 않거나 서로의 상황이 완전히 변해 도저히 다시 서로 받아들일 수 없는 일이 있을 때에는, 그 교제를 멈추어야 한다. 그러나 서로 증오하고 원망하지 말고, 단지 그대로 그 교제를 중단하고 불문에 붙이며 결코 나쁜 말을 하지 말아야 한다.

공손하고 절제하며,
恭儉己レヲ持シ

공손하고 절제하는 것은 사람의 미덕으로, 사회의 질서를 이루는 것은 주로 이를 바탕으로 한다. 무릇 공손하다는 것은 나아가고 물러서는 응대를 모두 정중하게 하는 것이며, 절제하는 것은 자신의 행위를 단속하여 방종하거나 도를 넘지 않도록 하는 것으로, 재물을 아끼고 절약하는 것도 이에 해당한다.

만약 사람들이 공손하고 절제하면, 마치 집 안의 모든 물건들이 전부 있어야 할 곳에 놓여 있어 맑고 우아한 정취를 띠는 것처럼, 사회 조직도 그로 인해 정연한 질서를 이루고, 그에 따라 만사가 정돈되고 모든 것이 바르고 알맞은 길에 들어서게 된다. 국체도 이와 같아야 비로소 그 올바른 모습을 갖추게 된다.

또 누구라도 타인이 자신에게 공손하고 절제하기를 바라지 않는 사람은 없다. 만약 타인이 자신에게 공손하고 절제하기를 바란다면, 반드시 자신이 먼저 타인에게 공손하고 절제하도록 힘써야 한다. 작용이 있으면 반드시 반작용이 생기는 것은 물리적 진리일 뿐 아니라 심리적으로도 어느 정도 그와 같은 상태가 되기 때문이다.

그런데 자신의 위치를 생각하지 않고, 공연히 거들먹거리며 타인을 깔보고, 오만불손하여 연장자를 업신여기면서 부끄러움이 없으면, 곧 그 사람의 덕의德義가 극히 낮음을 알 수 있다. 실로 스스로 높이는 자는 천하게 여겨지고 스스로 낮추는 자는 존중받게 된다. 공손하고 절제하며 예절이 바르면, 그 사람의 인품이 높다는 것은 말하지 않아도 알 수 있다.

무릇 예절은 시대의 변화에 따라 어느 정도 변하기 마련이다. 바꿔 말하면, 그 정신은 같아도 방법은 고금이 반드시 동일하지 않을 수 있다. 즉 앉아서 절하는 예법이 변하여 서서 인사하는 예법이 되고, 머리를 숙이는 인사가 변하여 악수가 된 것 등은 모두 시대의 변화에 따라 바뀌지 않을 수 없는 것들이다.

요컨대, 예절은 점차적으로 발전해 온 관습이며, 국민 일반이 아름다운 풍속으로 여기는 것이다. 따라서 감히 그것을 업신여기는 것은 국민이 숭상하는 것을 업신여기는 것이므로, 반드시 화가 그 신변에 미치게 될 것이다. 그러므로 예의 있게 사람을 대하고 공검恭儉하게 처신하면, 오히려 사람들에게 존경과 사랑을 받고 집안의 안전을 유지하는 수단이 된다.

만약 명망이 높아질수록 더욱 공손하고 절제하면 더욱 감탄하고 칭찬하게 되며, 관위가 높아질수록 스스로를 낮추면 더욱 칭송하고 우러러보게 된다. 명망이 있는 자가 공연히 남들 위에 군림하려 드는 것은 표범과 호랑이가 지모를 부리는 것과 같고, 관위가 높은 자가 함부로 사람들을 멸시하는 것은 이리와 승냥이가 위세를 부리는 것 같아, 사람들이 매우 싫어하고 꺼리게 된다. 그러므로 사람은 지위가 높아질수록 무엇보다 공손과 절제라는 두 글자를 떠올리며, 밖으로는 예의 있고 겸손한 태도를 취하고, 안으로는 마음을 평화롭게 해야 한다.

공손과 절제의 미덕을 아는 자는 또한 함부로 분노해서는 안 된다는 것을 알아야 한다. 분노는 순식간에 정신을 혼미하게 하여 평생의 화를 초래하는 것이므로, 온 힘을 다해 이를 억제하도록 노력해야 한다. 작은 솥은 쉽게 끓어오르고, 큰 바다는 그릇에 담아 측량할 수 없다. 사람은 작은 솥처럼 되어서는 안 되고, 모름지기 큰 바다와 같아야 한다.

그러나 공손과 절제를 오해하여 항상 비굴하게 굴고 조금도 자주독립의 마음이 없는 것은 오히려 부끄러워해야 할 일이다. 그러므로 귀천이나 노소와 상관없이, 사람이라면 타인을 대할 때 반드시 한 명의 신사, 숙녀로서의 자격을 잃지 말고, 이유 없이 자신의 자유와 권리를 침해당하는 일이 없도록, 말해야 할 것은 충분히 말하고 답해야 할 것은 주저 없이 분명하게 말해야 한다.

요컨대, 옳고 그름을 가려야 할 때에는 어떤 사람에

대해서든 진실을 숨김없이 밝혀야 한다. 또 자신의 명예에는 한 명의 선량한 신민으로서의 자격이 걸려있으므로, 결코 타인에 의해 훼손되지 않도록 해야 한다. 단, 이유 없이 자신이 타인의 위에 있는 듯 거만하게 굴며, 공손과 절제의 미덕을 모르는 것은 인간의 탈을 쓴 금수의 행동이라고 할 수 있다.

또 현명하고 학식이 깊은 자들은 고상한 학문적 이치와 미묘한 도의를 잘 이해하고, 널리 사회를 이롭게 하는 자들이므로 특히 그들을 존경하고 뭇사람들과 구별해야 한다. 학문은 관직과 작위보다 귀하고, 도의는 위계보다 중요하기 때문이다.

다음으로 국가에 공로가 있는 뛰어난 장군과 높은 관리들을 깊이 존경하고, 자신과 타인도 모두 이 사람들처럼 되기를 바라며, 길 위에서 이들을 만났을 때에는 설령 만나서 교제한 적이 없어도 모자를 벗고 예를 행해야 한다. 또 노인은 신체가 쇠약하므로 가련히 여겨야 할 뿐 아니라, 경험이 많아 혹 젊은이가 알지 못하는 것을 알고 있으므로 깊이 공경하고 사랑해야 한다.

그러므로 부모, 형, 연장자, 스승 등을 공경해야 함은 당연한 일이다. 특히 아이들은 태어난 상태 그대로는 몽매하고 아는 것이 없어 금수와 크게 다르지 않지만, 학교에 들어가 스승에게 배우고 나서야 비로소 맹인의 눈이 뜨인 것처럼 사물의 이치를 알게 되고 도의를 깨달아 결국 진정한 사람이 되므로, 결코 스승의 큰 은혜를 잊어서는 안 된다. 지식과 도의의 가르침을 주는 것은 금은보화 같은 유형有形의 물건을 주는 것보다 훨씬 귀중한 것이기 때문이다.

한편, 교사는 학생의 모범이다. 그러므로 교사 스스로 공손하고 절제하지 않으면, 결코 학생들을 공손하고 절제하게 할 수 없다. 학생은 교사의 그림자이기 때문이다. 그러므로 교사인 자들은 자신의 소임이 얼마나 중요한 것인지 알아야 한다.

공검하고 예의를 지키는 것은 단지 우리나라 사람 사이에서 그치지 않고, 외국인을 대할 때에도 마땅히 그러해야 한다. 이는 우리나라 사람의 아름다운 풍속을 보여줄 기회이며, 이방인을 후하게 대우하는 것은 좋은 덕행이기 때문이다. 그러나 외국인을 대할 때에는, 반드시 우리나라를 존숭尊崇하고 이를 근본에 두어야 하며, 결코 우리나라의 명예와 품위 등을 손상시키는 일이 있어서는 안 된다.

또 사치는 쓸데없이 낭비를 초래하여 혹 가산을 탕진하고 집안을 망하게 하는 시초가 된다. 그러므로 절약하고 절제하여 낭비의 폐단을 막고, 재산의 여유가 있으면 저축하여 자립을 도모하거나 국가에 유익한 일에 사용해야 한다. 한 사람의 절약은 한 나라의 절약이며, 한 사람이 부유해지면 한 나라 또한 부유해진다. 한 나라는 한 사람 한 사람으로부터 이루어지는 것이기 때문이다. 그러므로 재산을 모아 부를 이루는 것은 사람의 미덕이라고 할 수 있다.

그러나 함부로 재물을 탐하고 그 때문에 자신의 절의를 더럽히는 일은 남자가 심히 부끄러워해야 할 바이다. 즉 정치가로서 쓸데없이 재물을 모으는 것을 최대의 목적으로 삼으며 나라의 공무를 최우선으로 삼지 않거나, 학술가로서 장사꾼처럼 학문을 단지 영리를 위한 일로 보고 진리의 탐구를 주된 목적으로 하지 않는 것 등은 경멸해야 할 바이다. 그러나 평범한 신민이 부정불의하지 않은 방법으로 재산을 모아 큰 부자가 되는 것은 부끄러운 일이 아닐 뿐 아니라, 국가를 위해 크게 칭찬해야 할 일이다.

이에 반해 재물을 낭비하여 자립의 수단을 잃고, 타인에게 돈을 빌리고 의복을 구걸하는 자 등은 사회의 기생충이라고 불러야 할 파렴치한 인간에 불과하다. 그러므로 한 명의 남자로서 우선 반드시 스스로 독립된 생활을 이루고, 결코 타인에게 의존하여 민폐를 끼쳐서는 안 된다.

또한 교만하고 사치하여 여유 재산을 축적하지 않으면, 적은 금액으로 부형父兄을 기쁘게 하거나 혹은 타인을 도와야 할 일이 있어도 도저히 이를 행할 수 없다. 약소한 재산을 쾌척하여, 여러 사람들이 뜻을 모아 국가에 큰 이익이 되는 사업을 일으켜야 할 일이 있어도 결국 할 수 없게 되니, 이것이 어찌 지극히 유감스러운 일이 아니겠는가!

칙어연의 上 끝

칙어연의 下

널리 대중을 사랑하며,

博愛衆ニ及ホシ

단지 자신만을 사랑하고 타인에 대해서는 전혀 무관심하여 마음을 쓰지 않으면, 다른 사람 역시 나를 사랑하지 않게 된다. 그러므로 이기주의를 고수하는 것은 오히려 자신에게 이익이 되지 않는다. 만약 자신의 이익을 버리고 타인을 위해 힘쓰며, 마음속으로 조금도 보답을 기대하지 않으면, 세상 사람들은 반드시 이를 지극히 고상하고 아름다운 품행이라 하여 그 사람을 크게 우러러 사모하고 칭송하게 된다.

그러므로 사람은 한갓 자기 한 사람의 이익만을 아득바득 구할 것이 아니라, 성실한 마음으로 널리 뭇사람을 사랑하고 베풀려는 마음을 가져야 한다. 군주, 아버지, 연장자는 물론 노비와 같이 비천한 자라 할지라도 사랑하고 가엾게 여겨야 한다. 길에서 모르는 사람을 대할 때에도 자애롭고 선한 마음으로 대해야 한다. 또한 개, 고양이, 소, 말 같은 유용한 가축에서부터 오리, 비둘기, 제비, 참새 같은 무해한 날짐승에 이르기까지 쓸데없이 학대하지 말고 사랑하고 보듬는 마음을 가져야 한다.

그러나 박애의 방법에는 반드시 순서가 있어야 한다. 만약 자신의 가족을 버리고 타인의 가족을 우선하거나, 자신과 관계없는 타국 사람을 앞세우는 것은 도리에 맞지 않다. 나의 가족을 사랑하고 보호하는 것은 나의 의무이고, 타인의 가족은 타인이 먼저 사랑하고 보호해야 하며, 타국의 사람은 타국 사람이 먼저 그들을 사랑하고 보호해야 하기 때문이다. 그러므로 사랑은 가까운 친족에서 시작하여 차차 뭇사람들에게로 넓혀가야 한다.

만약 친한 사람과 소원한 사람을 구별하지 않고, 나와 타인도 가리지 않으며 균등히 사랑하여 순서가 없다면, 이는 곧 만국을 똑같이 사랑하는 것이며 충군애국의 정을 끊는 것이다. 그러므로 누구나 자기 군주를 섬기고 자기 나라를 사랑하는 것을 최우선의 의무로 삼아야 한다.

특히 나라의 안위와 관계되는 일이 있을 때에는 재산은 물론, 몸과 목숨도 던져 나라를 구해야 한다. 또한 가까운 친척이나 친구라 하더라도 국가에 해를 끼치려 한다면 무턱대고 따르지 말고, 진심을 다해 타이르고 진정시켜, 그릇된 마음을 바로잡아 국가의 안전을 도모해야 한다. 왜냐하면, 사람은 본국의 보호를 받아 안전하게 성장하고, 본국의 학교에서 교육을 받아 재능을 연마하며 지식을 개발하였으므로, 본국에서 입은 큰 은혜는 지극히 깊고 두터워 다른 모든 은혜보다 뛰어난 것이므로 이에 보답해야 함은 물론이고, 나아가 국가 전체의 안녕과 행복은 결코 한 사람이나 몇 명 때문에 손상되어서는 안 되는 것이기 때문이다. 국가의 안위는 단지 나와 친척, 친구들의 기쁨과 슬픔에 간접적으로만 관계되는 것이 아니다. 우리나라는 본래 조상으로부터 물려받은 것이며, 영원히 자손들에게 전해주어야 할 것이므로, 거듭 사랑하고 보호하여 작은 땅이라도 잃지 않도록 힘써야 한다.

그러므로 부모는 당연히 사랑해야 하고, 자손 역시 사

랑해야 하며, 형제, 부부, 친구 역시 서로 사랑해야 한다. 그러나 이 모든 애정을 포함하는 것은 곧 애국심이다. 우리나라를 위해 목숨을 버려야 할 일이 있을 때, 진실로 순수한 충의를 가진 사람이라면 누가 기꺼이 그것을 던지지 않겠는가?

또한 우리 국민은 외국에서 온 손님을 후하게 대접해야 한다. 우리나라 사람이 타국에서 온 방문객을 정성껏 대우하면, 그들은 본국으로 돌아간 뒤 반드시 우리나라 사람의 미덕을 칭찬할 것이다. 그렇게 되면 이는 곧 우리나라의 명예를 해외에 드높이는 계기가 된다. 더구나 먼 나라에서 온 사람들은 우리가 알지 못하는 다른 나라의 사정을 알고 있으므로, 이들과 교제함으로써 우리의 견문을 넓힐 수 있다. 우리가 친절한 마음으로 그들을 잘 대접하면, 훗날 우리가 그 나라에 갔을 때 그들 역시 우리를 극진히 대접할 것이니, 이는 인정상 당연한 이치이다. 그러므로 애국심을 충분히 기르는 한편, 피아彼我의 구별을 분명히 해야 하지만, 외국에서 온 방문객을 정성껏 대우하는 아름다운 풍속 또한 길러야 한다.

학문을 닦고 기술을 익힘으로써 지능을 계발하고

學ヲ修メ業ヲ習ヒ以テ智能ヲ啓發シ

학문은 지식을 계발하는 수단이며, 지식은 사람의 품격을 고상하게 한다. 그러므로 설령 부유하거나 큰 집안의 자제라 하더라도 지식이 없으면 비천하여 개나 돼지와 다를 바 없다.

하물며 오늘날은 어떤 일을 하더라도 지식이 필요한 세상이 되었으므로, 반드시 교육을 받아 사물의 이치를 분별할 수 있도록 힘써야 한다. 무릇 학식이 없고 도리가 무엇인지 모르는 자는 평생 몽매하여, 해와 달의 빛은 보아도 지혜의 빛은 보지 못하고, 유형의 세계에서 활동하면서 무형의 세계를 미루어 알지 못한다. 그러므로 어려서부터 교육을 받아 지식을 계발하는 것은 물질적 현상 너머의 고상한 정신세계로 들어가는 길로서, 신사와 숙녀라면 결코 이를 게을리해서는 안 된다.

그런데 학문과 기술을 배우고 익히는 데 있어서 가장 주의해야 할 것은 시간을 아끼는 일이다. 시간은 곧 재물이다. 시간을 낭비하는 것은 재물을 낭비하는 것과 같다.

특히 배우는 사람에게 있어서 시간은 재물보다 귀한 것이다. 그러므로 잠시도 헛되이 보내지 않도록 해야 한다.

이미 시간을 아까워할 줄 아는 사람이라면, 타인에게 방문하더라도 필요한 용무만 속히 말하고 돌아가야 하며, 결코 나 때문에 타인의 시간을 헛되이 낭비하게 해서는 안 된다. 이는 타인도 나와 같이 시간을 아까워하는 마음이 있을 것이기 때문이다.

무릇 하루는 하나의 작은 생명이며, 깨어나고 잠드는 것은 태어나고 죽는 것과 같다. 하루가 지나고 나면 그날은 결코 다시 돌아오지 않으며, 매일매일은 완전히 새로운 경험이다. 그러므로 그날그날 얼마간의 일을 이루어 꾸준히 진보해 나아갈 생각을 해야 한다. 만약 하루를 낭비하는 것을 아까워하지 않는다면 한 달 역시 아까워하지 않을 것이고, 결국 한 해도, 한 생애도 아무것도 이루지 못한 채 한낱 꿈처럼 지나가 버릴 것이다. 만약 이처럼 꿈지럭거리다가 허망하게 죽는다면 지렁이, 땅강아지, 개미와 다를 바 없다.

인생은 산을 넘는 것 같아서, 오를 때에는 멀게 느껴지지만 반을 지나 내려갈 때에는 지극히 빠르다는 것을 깨닫게 된다.

그러므로 사람은 어릴 때 무엇보다 학업에 힘써야 한다. 실로 한 생애는 전반부의 근면과 태만에 따라 정해지는 것으로, 이는 마치 하루의 계획이 오전에 정해지는 것과 같다. 그러므로 일찍이 이를 깨닫고 일생의 계획을 세워 사물을 배우고 익혀야 한다. 세상에서 일생을 낭비하는 것보다 더 유감스러운 일은 없기 때문이다.

무릇 사람이 전문 학자가 아닌 이상, 학문을 하면서 실제적인 업무를 함께 배우지 않으면 세상 물정에 어둡고 현실과 동떨어지는 폐단을 면하기 어렵다. 그러므로 국가에 필요한 실무를 익히는 일은 매우 중요하다. 그러나 실무만 익히고 학문이 뒷받침되지 않으면 지식이 부족하여 뜻하는 대로 일을 하지 못하고 막힘이 있게 된다. 그러므로 학문과 실무를 함께 익혀 가정의 이익을 도모하고 국가의 필요에도 부응해야 한다.

이미 배운 것이 있어도 실제로 그것을 적용할 줄 모른다면, 보물을 끌어안고 헛되이 썩히는 것과 같아 처음부터 습득한 것이 없는 것과 같다. 그러므로 시세를 잘 살피고 세상의 흐름에 따라 배운 것을 활용하여 사회에 도움이 되도록 힘써야 한다. 특히 우리나라와 외국과의 교류가 점점 더 친밀히 이루어짐에 따라 지력智力의 경쟁이 완력腕力의 경쟁보다 훨씬 중요해졌다. 따라서 지력을 연마하고 재능을 계발하는 것은 오늘날 불가피한 일이므로, 각자 마땅히 전력을 다해 힘써야 한다. 이는 우승열패가 세상에서 점점 더 격하게 행해지고 있기 때문이다.

이미 외모를 꾸미고 있으면서 어찌 그 내면은 꾸미지 않겠는가? 그런데 내면을 꾸미는 도구는 곧 지식이다. 지식이 갖추어졌다면, 외모를 꾸미지 않아도 돌과 모래 사이에 섞인 보석처럼 그 가치는 조금도 줄지 않는다. 그러나 지식은 없으면서 헛되이 외모만 꾸미는 것은 더러운 물건을 비단으로 싼 것과 같으니, 누가 이것을 싫어하여 내다버리지 않겠는가?

게다가 지식 계발의 수준은 미신이 퇴보한 정도와 서로 상응하므로, 국가의 문명 수준은 주로 이에 따라 측정될 수 있다. 그러므로 지식 계발은 무엇보다 태만히 해서는 안 된다.

각종 학교를 설치하여, 자녀를 교육해야 할 필요성은 말할 것도 없다. 따라서 세상의 아버지들은 자식을 속히 학교에 보내야 한다. 이는 단지 부모의 자식에 대한 의무일 뿐 아니라, 또한 국가에 대한 의무이기 때문이다.

서양 문화의 근저를 이루는 것은 실로 학술이다. 정돈된 법률, 완비된 교육, 전깃줄, 증기기관차, 증기선 등과 같은 유형물도 모두 본래 학술의 소산일 뿐이다. 학술의 발달은 서양의 강점이며, 동양이 특히 부족한 부분이다. 그러므로 진실로 뜻이 있는 자들은 속히 우리나라에서 학술을 진흥하여 문명의 근본 요소元素를 양성해야 한다. 즉, 유럽에서 흘러온 물의 말류末流를 받아들이는 데서 그칠 것이 아니라, 그 수원源泉을 우리나라에서 열어야 한다. 그렇지 않으면, 수백 년이 지나도 우리나라 사람들은 그들의 겉모습을 모방하는 데 급급하여, 끝내 그 정신을 취해 그것을 우리의 정신으로 삼는 날은 오지 않을 것이다.

특히 우리나라 사람이 모방에는 능숙하지만 창조에는 서툴다는 것은 동서양 학자들이 종종 인정하는 바이다. 그러므로 오늘날에는 먼저 이 고질적 폐단을 타파하고, 속히 나날이 새롭게 발전하는 길을 열어야 한다. 그러나 이와 같은 때일수록 우리의 동양 고래의 문학과 역사에 대한 연구는 더욱 활발히 이루어져야 하며, 결코 서양의 학술을 넓히기 위해 이를 전부 폐기해서는 안 된다. 각국의 교육의 기초는 자국의 학문으로 이루어야 하기 때문이다. 이른바 '국민적 교육'의 기본 원리는 실로 여기에 있다. 특히 우리나라의 미술은 서양 미술과 정취가 달라 우아한 아름다움, 즉 우미優美의 성격을 지니고 있음은 의심할 수 없는 사실이므로, 서양 미술뿐 아니라 우리나라의 미술 또한 진흥해야 한다. 미술은 단지 상품에 활용되는 데 그치는 것이 아니라, 나아가 국민의 즐거움을 증진시키고 감정과 의지를 고상하게 하는 효과가 있기 때문이다.

훌륭한 인격을 성취하여야 한다.
德器ヲ成就シ

학문을 닦고 실무를 익혀 유용한 인재가 되고 덕이 있는 사람이 되는 것은 각자가 마땅히 힘써야 할 바이다.

좋은 나무도 증교蒸矯한[30] 후에야 쓸모가 있고, 좋은 원석도 다듬고 갈아낸 후에야 빛이 난다. 사람도 역시 갈고닦으며 부단히 노력한 뒤에야 비로소 대중에게 나아가 사회에서 유익하고 큰 사업을 도모할 수 있다. 그러므로 타고난 재능이 있는 자는 어릴 때부터 부지런히 노력하여 그 타고난 자질을 더욱 완성해야 하며, 타고난 재능이 없는 자는 배움과 수련을 통해 부족한 재능을 어느 정도 보충할 수 있다. 이와 같이 하면 타고난 재능은 서로 크게 다르더라도 각자 자신의 역량에 따라 그에 걸맞은 인재가 될 수 있다.

설령 타고난 재주와 학식이 있더라도 덕이 없으면 결코 좋은 결과를 낳을 수 없다. 이는 마치 독이 있는 꽃과 같으니, 누가 가까이 가는 것을 두려워하지 않겠는가? 그러므로 누구든 반드시 덕을 닦아야 한다. 진실로 덕을 닦고자 한다면 오직 양심을 길러야 한다. 양심은 누구나 똑같이 지니고 있으며, 비록 물욕 때문에 가려지더라도 완전히 소멸되는 것은 아니다. 그러므로 양심이 드러나

---

30) 구부러진 나무에 열이나 증기를 쬐어 반듯하게 바로잡는 것으로, 주로 목공예에서 나무를 곧게 펴 다듬을 때 쓰는 방법이다.

는 대로 그것을 기르고 그에 따라 세상을 살아가면, 일상의 품행도 반드시 바르게 될 것이다.

만약 양심을 황폐하게 내버려두면 사기, 절도, 뇌물, 간계 등 온갖 악행을 저지르게 되고, 결국 죄업을 쌓는 사람이 된다. 이러한 인간들은 악한 마음이 대부분 용모와 행위로 드러나 식견 있는 자의 감식을 피하지 못한다. 그러므로 덕을 손상시키는 일은 철저히 피해야 한다. 그러나 이는 말하기는 쉬워도 행동으로 옮기기는 어렵다. 세상만사는 마치 수많은 악마들이 달려들어 한 사람을 사로잡으려고 하는 것과 같아서 한순간 방심하면 사람을 불선에 빠뜨린다. 그러므로 온 힘을 다해 이런 유혹을 물리쳐야 한다. 병사는 전장에 임하여 분연히 앞으로 나아가 적과 맞서 한 목숨을 먼지처럼 가볍게 여길 용기가 있어야 한다. 덕의의 세계에서도 역시 이와 같아, 힘을 다해 욕망과 맞서 싸워 설령 이 몸이 죽어 없어지더라도 덕의를 지키려는 기세와 절개가 있어야 한다. 세상에는 힘 있는 자가 많지만 자신을 극복하는 자를 이길 수 있는 자는 없다. 아무리 강한 적도 욕망처럼 잠시도 멈추지 않고 침입해 오지 않으며, 또 내 몸 안에 뿌리

내리고 있는 것도 아니기 때문이다. 그러므로 자기를 이기는 것은 강적을 이기는 것보다 어려운 것이다.

사람의 화와 복은 주로 자기를 이기는 힘이 강한지 약한지에 따라 정해지는 경우가 많다. 그러므로 독이 퍼지는 것을 두려워하는 자가 손발을 절단하여 목숨을 보전하는 것처럼, 작은 불선不善이라도 깊이 뉘우치고 그것을 내 몸에서 제거하여, 완전히 다시 태어난 것 같은 마음가짐으로 다시 덕을 향해 나아가야 한다. 사람은 치아 하나를 잃어도 인공 치아로 그것을 대체하지 않는가? 그런데 자신의 덕을 잃고도 조금도 이를 돌아볼 줄 모른다면 되겠는가?

무릇 사람은 누구도 완전하지 않고, 어떤 인간도 과실을 피하기 어렵다. 그러므로 공연히 타인의 과실을 들추는 것은 스스로 화를 부르는 일이다. 타인 또한 반드시 나의 과실을 들추어낼 것이기 때문이다. 특히 국가에 유용한 인물을 예기치 못한 과실 때문에 갑자기 쓸모없는 사람으로 만드는 것은, 조금 썩었다고 좋은 재목을 버리는 것과 같으니 그 유감스러움을 어찌 견딜 수 있겠는가? 실로 과실이 있는 것은 인간으로서 피하기 어려운 일이므로, 다만 평생 힘을 다해 과실이 적기를 바라고, 과실에 빠지게 할 만한 모든 일을 피해야 한다.

그럼에도 과실을 저질렀을 때에는 결코 그로 인해 완전히 절망에 빠져서는 안 된다. 옷을 빨아 때를 제거하듯이 마음을 완전히 고쳐 다른 사람이 되어야 하며, 과거의 잘못 때문에 남은 생까지 불선에 빠지도록 방임해서는 안 된다. 악인도 마음을 고치면 하루아침에 선인이 되고, 선인도 허물을 고치지 않으면 순식간에 변하여 악인이 된다. 그러므로 선인은 더욱 선으로 나아가야 함은 물론, 악인도 아직 고칠 수 있는 남은 생이 있다면 난파를 당했으나 폭풍과 성난 파도를 헤치고 간신히 해안에 안착한 것처럼 여기며, 선으로 나아가 덕을 닦고 전반생의 죄업을 속죄하려는 마음을 가져야 한다.

요컨대, 누구든 덕을 닦으면 반드시 결국 선한 결과를 낳는다. 난초가 깊은 골짜기에 있어도 맑은 향은 멀리 퍼지듯, 누가 그 향기로움을 칭찬하지 않겠는가?

진실로 덕을 닦으면 일생은 길고 긴 안식일이다. 만약 덕을 잃으면 이 몸은 마음을 묶어 두는 감옥과 같아 고통을 견디지 못하는 일이 많고, 공연히 사람들에게 모욕을 당하게 된다. 이는 스스로 자초한 것이므로 뒤늦게 후회해도 소용이 없다. 그러므로 하루라도 덕을 닦는 일을 게을리해서는 안 된다. 덕이 있는 사람은 반드시 다른 사람들에게 존경과 사랑을 받는다.

무릇 덕은 내 몸의 꽃과 같으며, 눈부신 광채를 발한다. 비록 정원의 꽃은 며칠 만에 시들지만, 내 몸의 꽃은 그 아름다움을 다 이루면 천만 년이 지나도 시들지 않는다.

나아가 공익을 증진하여 사회에 필요한 사업을 열고,

進テ公益ヲ廣メ世務ヲ開キ

자기 한 사람의 이익만을 도모하지 말고, 공중公衆 일반의 이익을 도모해야 한다. 설령 자기에게는 불이익이 되더라도 공중에게 유익하다면 흔쾌히 자신의 이익을 버리고 오직 공중의 이익을 도모하는 것은, 이타주의로서 지극히 아름다운 덕의이다. 그러므로 스스로를 뜻있는 자志士, 어진 자仁人라 여기는 사람이라면 어찌 이런 마음이 없을 수 있겠는가? 다만 농업, 공업, 상업에 종사하는 사람들이 각자의 일을 근면히 하는 것은 국가를 부강하게 하는 주요 원인이므로, 이를 크게 장려해야 함은 말할 것도 없다. 그러나 농업, 공업, 상업에 종사하는 사람이라도 여력이 있으면 역시 공중의 이익을 도모할 생각을 해야 한다.

무릇 국가 혹은 사회 일반을 위해 오직 공공의 이익公利公益을 추구하며, 일신의 위태로움도 돌아보지 않고 온전히 목숨을 희생하는 사람들은 애국자의 모범으로서 가장 찬미해야 할 바이다. 국가의 강약은 주로 이러한 인민의 많고 적음에 달려 있다고 할 수 있다. 그러므로 이미 지식을 계발하고 덕성을 갖춘 자는 마땅히 나아가 국가의 일에 힘써 공중의 이익을 도모해야 한다.

비록 살아 있다 해도 국가에 이익이 없는 자는 이미 죽은 자와 다를 바 없다. 몸은 아직 세상에 있으나 정신은 이미 죽은 것이다. 다만 뜻은 장대하더라도 체질이 허약하여 국가의 일에 나설 수 없는 자는 물러나 한 사람의 선량한 신민이 되는 것을 부끄러워하지 말아야 한다. 학식이 있는 자는 언론이나 저작으로 국가에 이익이 되게 하고, 특히 대중이 나아갈 방향을 제시해야 한다.

실로 당대에 뛰어난 석학이 나라에 있는 것은, 황폐한

정원에 한 송이의 예쁜 꽃이 피어 있는 것과 같아 한 나라의 광채를 더하고 그 가치를 높이는 것이므로, 국가를 위해 이러한 석학이 있기를 바라야 한다. 그러나 어떤 석학이라도 나라의 이익을 도모하고 여러 사람의 복지를 증진시키는 일을 주로 하지 않는다면, 조금도 존경할 가치가 없다. 다만 학자는 진리를 탐구하는 것을 가장 중요한 목표로 삼는 자이므로, 널리 학문 사회 일반을 위해 힘을 다해 성과를 이루어야 함은 물론이다. 그러나 또한 우리나라의 학문을 증진시키고 국민의 지식을 계발하는 데 힘쓰지 않는다면 아직 본국에 대한 의무를 다했다고 할 수 없다.

요컨대, 공익을 증진시키는 것이 결국 인생의 목표임을 알아야 한다.

만약 나라 안에 이기주의孤獨主義가 크게 유행하여 사람들이 오직 자기의 이익만을 추구하고 조금도 공중의 관점에서 생각하는 자가 없으면, 그 나라는 결코 오래 존속할 수 없다. 왜냐하면 사람들이 국가에 대한 의무가 있음을 알지 못하면 그 결속력이 약해져 모두 뿔뿔이 흩어져 무너져 버리기 때문이다.

그러므로 먼저 학문을 닦고 실무를 익혀, 유능하고 덕이 있는 인물이 되어 공중의 이익을 증진시키고, 사회에 필요한 사업을 진흥시켜야 한다. 무릇 공익을 도모하고, 사회에 필요한 사업을 여는 데 있어서, 우리나라 사람에게 가장 필요한 것은 인내력이다. 입으로는 "백 번 꺾여도 굴하지 않는다百折不撓."라고 말하면서도 실제로 견디지 못한다면, "굳게 참고 견디며 마음이 흔들리지 않는다堅忍不拔."라고 하기에 부족하다. 그러므로 어떤 사업이든 영원히 이어갈 각오로 반드시 성취하여, 국가에 기여하려는 마음을 가져야 한다.

또한, 사회를 조직하는 사람들은 서로 감정을 해치지 않도록 노력해야 한다. 즉 타인의 마음을 헤아리며 일을 해야 하며, 결코 자기 한 사람의 편의만을 생각해서는 안 된다. 언어와 행동에서부터 예절과 복장에 이르기까지 거칠고 천박하여 볼품이 없으면, 반드시 타인의 감정을 해치고 사회의 예의를 손상시키므로, 공중을 위해 이를 단정하고 우아하게 해야 한다. 또, 다른 사람을 만날 때에는 반드시 쾌활한 태도를 취해야 하며, 결코 침울하고 근심에 찬 모습으로 남의 마음을 어둡게 해서는 안 된다.

즉 나의 기쁜 모습을 통해 타인 역시 기쁘게 해야 한다.

그 밖에도 세상을 살아가며 주의해야 할 것이 매우 많지만, 거짓말로 사람을 속이는 일은 지극히 불선한 것으로 단지 자신의 신용을 잃는 단서가 될 뿐 아니라, 널리 사회 전체에도 해를 끼치므로 각자 반드시 삼가고 금해야 한다. 약속도 중대한 변동 사항이 생기지 않는 이상 반드시 지켜야 한다. 요컨대 모든 행위는 공중公衆의 안녕과 행복을 목표로 삼아야 과실에 빠지는 폐단을 피할 수 있다.

그런데 어떤 사람이 조금도 공중을 생각하지 않고 오직 자기의 사사로운 이익만을 추구한다면, 이는 마치 누린내 나는 고기에 구더기가 모여 드는 것과 같고, 비린내 나는 생선에 파리 떼가 꼬이는 것과 같아, 무엇보다 천시해야 할 일이며 그런 행동에서는 고상한 면모를 전혀 찾아볼 수 없다.

한 걸음 더 나아가 말하면, 사람이 물러나 자기를 수양하고 사업을 이루어 한 점의 결점도 없다면, 실로 국가의 선량한 신민으로서 부끄럽지 않다고 할 수 있다. 그러나 더 나아가 공공의 이익을 도모하고 사회에 필요한 사업을 열지 않는다면, 아직 국가에 대한 의무를 다 했다고 할 수 없다. 집에 머물며 홀로 있을 때에도 조심하는 것은 본래 수신修身의 시작이지만,[31] 나 한 사람의 덕을 닦는 것만으로는 널리 공중과 관련된 큰 도의에는 미치지 못한다. 또한 공중을 위해 유익한 사업을 하는 것은 홀로 물러나 지식을 연마하는 것보다 훨씬 절실히 필요한 것으로, 아무리 예리한 사고라 하더라도 민첩한 실천의 가치에는 미치지 못한다.

요컨대, 어떤 지식도, 어떤 학문도, 사회에서 활용할 수 없다면 아무 가치도 없는 것이라 할 수 있다. 다만 고상한 학술적 이론은 당장은 직접 활용되지 못하더라도 훗날 활용할 곳을 발견할 수도 있으므로 이를 귀중히 여겨야 한다.

---

31) 수신은 『대학』의 8조목, 즉 격물(格物, 사물의 이치를 끝까지 궁구함), 치지(致知, 사물의 이치를 깨달음), 성의(誠意, 뜻을 성실히 함), 정심(正心, 마음을 바르게 함), 수신(修身, 자기의 마음과 몸을 바르게 닦고 수양함), 제가(齊家, 집안을 가지런히 다스림), 치국(治國, 나라를 다스림), 평천하(平天下, 천하를 다스림) 중의 하나이다. 수신은 홀로 있을 때 남이 보고 있지 않아도, 스스로 마음가짐과 행동을 조심하는 것에서 출발한다.

실로 인생에서 가장 고상한 희망은 큰 사업을 성공시켜 사회 진보에 일조하는 데 있다. 이러한 사람은 불후의 인물이라 할 수 있다. 왜냐하면 설령 그 흔적이 눈에 보이지 않더라도 나라의 문화를 증진시키는 작은 일부분이 되어 영원히 후세에 남기 때문이다.

그러나 공연히 자신의 이름을 과시하기 위해 사업을 일으켜서는 안 되고, 다만 좋은 명성이 후세에 전해질 만한 공훈을 이루는 것을 목표로 해야 한다. 이 두 가지는 아주 작은 차이처럼 보이지만, 그 의지의 측면에서 보면 큰 차이가 있다. 이름을 파는 것은 자기를 위한 것이며 곧 자기 이익에 지나지 않는다. 전자는 사업이 성공하든 실패하든 그것이 주된 목적이 아니므로 이름이 알려지면 그만둘 수 있다. 그러나 후자는 오직 공공의 이익을 목표로 삼아 그 목표를 달성해야 비로소 멈추며, 이름이 드러나는지 그렇지 않은지는 묻지 않는다. 이와 같으니 그 뜻과 포부가 지극히 고상하다는 것은 묻지 않아도 알 수 있다.

항상 국헌을 중시하고 국법을 따르며,

常ニ國憲ヲ重シ國法ニ遵ヒ

우리나라 사람들이 오늘날 받들어 따르는 헌법은 금상 천황 폐하께서 1889년 2월 11일에 발포하신 이래 마침내 우리나라에서 시행되었다. 이에 군주 전제 정치가 일변一變하여 입헌 정치가 되었고, 신민이 스스로 국정에 참여하며, 의심스러운 일은 공의公議와 여론으로 결정하게 되었다. 신민의 권리는 크게 신장되고 자유의 정신이 발흥하여, 예로부터 일찍이 없었던 문화를 이룰 토대가 이로써 그 실마리를 열게 되었다. 이는 실로 우리 일본 인민이 다 함께 경축해야 할 바이며, 또 아시아에서는 전혀 비할 데 없는 일이므로 우리나라 사람에게 매우 큰 영예라 할 수 있다. 헌법 제정의 주된 취지는 통치자의 권한을 명백히 하고, 일반 신민이 국정에 참여하는 방법을 정하며, 신민의 신체, 생명, 재산, 명예 등에 관한 권리를 보장하여 공공의 안녕과 질서를 유지하고 국가의 행복을 증진하는 데 있다. 그러므로 우리나라 인민은 삼가 이를 받들어 따라야 한다.

무릇 권리는 정의가 존재하는 곳에서 성립하는 것으로, 사람이라면 누구나 보유해야 한다. 각자가 안전한지 그렇지 않은지는 실로 권리를 가졌는지 그렇지 않은지에 달려 있으며, 이른바 헌법은 한 나라의 신민이 각자 그에 상응하는 권리를 얻게 하는 근본법이다. 비록 권리는 현실적으로 완전히 평등할 수는 없지만 가능한 한 평등하게 해야 하는 것이며, 필경 이는 정의를 실현하려는 데서 나오는 것이다.

만약 신민 중에 권리를 가진 자와 갖지 못한 자가 있다면, 권리를 갖지 못한 자는 권리를 가진 자에게 억압을 당하여 지력知力과 재능을 개발할 기회가 없어 원하는 바를 이룰 수 없고, 결국 국가를 위해 다해야 할 의무도 다하기 어렵게 된다.

그러나 만약 각자가 균등하게 권리를 갖고 서로 침해하는 일이 없다면, 국가의 신민은 사회의 일원으로서 각자의 본분에 따라 능력과 재능을 활용하게 될 것이다. 이와 같이 해야 국력을 가장 강대하게 할 수 있으며, 국력이 강대해지지 않으면 신민의 복지는 결코 온전히 보장될 수 없다. 그러므로 헌법이 신민에게 주는 이로움은 지극히 크다.

또 국법은 국가와 신민의 관계 및 신민 상호 간의 관계를 규정하는 것으로, 각자 이에 의거하여 법률상의 공권公權과 사권私權을 향유한다. 그러므로 모두 국법을 따르며, 서로 사리사욕으로 사기나 폭행을 행하지 않기를 대중이 스스로 간절히 바라야 한다. 왜냐하면 국법으로 공공을 다스리지 않으면 각자의 권리는 보전할 방법이 없고, 이로 인해 인민에게 말할 수 없는 불이익과 불편을 초래한다는 것은 식자識者가 아니어도 알 수 있기 때문이다.

법률은 도덕과 함께 국가의 질서를 유지하는 근거이다. 사람의 행위가 사회의 안녕을 해칠 때에는 법률의 제재로써 그것을 금지하고 억제해야 하지만, 사회의 안녕을 해치는 데 이르지 않는 행위는 오직 도덕적 제재에 의해서만 제한되어야 한다. 도덕은 주로 내면을 다스리고, 법률은 주로 외부 세계의 일을 규정한다. 넓게 말하면 법률도 본래 도덕의 일부분이다. 다만 국가의 안녕을 해치지 않는 행위는 도덕에 맡기되, 국가의 안녕을 해치는 데까지 이르면 도덕적 제재 외에 더욱 엄중한 제재를 가하여 그 행위를 억제해야 한다. 이러한 필요가 있으므로 도덕 중에서 엄중한 것을 추출하여 우리의 본분을 규정한 것이 법률이다. 요컨대 법률과 도덕은 새의 양 날개, 수레의 두 바퀴처럼 함께 존재해야 하며, 어느 한쪽도 소홀히 해서는 안 된다.

또 친척이나 오래된 친구가 환난을 당하거나 재해를 입었을 때, 재산을 내던지고 자신의 생명을 희생해서라도 그 환난과 재해를 물리치고 구호하고자 힘쓰는 것은, 법률상으로나 도덕적으로나 모두 칭찬하고 찬미하지 않을 수 없는 일이다. 그러나 일이 수습된 후에 그 피해를 입은 자를 위해 사사로이 나서 복수를 하고, 세상 사람들로부터 칭찬과 감탄을 받는 경우가 종종 있다. 인간 사회의 문화가 아직 충분히 발달하지 않았을 때에는 간혹 어쩔 수 없이 직접 나설 필요가 있었다고 하더라도, 문화가 크게 발전하여 법률과 제도를 갖추고 있는 시대에는 그것을 칭찬하지 않을 뿐 아니라, 오히려 그런 행위를 한 자는 국가의 죄인으로 삼지 않을 수 없다. 국가에는 법률이 존재하고 죄인을 처분하는 법을 갖추고 있으므로, 법률을 무시하고 스스로 복수를 꾀하는 일은 신민의 본분을 잊은 것이기 때문이다.

만약 천척이나 오래된 친구를 죽이거나 다치게 한 자를 원망하여 스스로 그를 죽이거나 해친다면, 타인의 악을 미워하여 나 자신 또한 스스로 악을 행하는 것이니 곧 하나의 악이 생긴 위에 또 하나의 악을 추가하는 것이다. 그것이 잘못이라는 것은 논하지 않아도 알 수 있을 것이다.

본래 도덕상의 문제는 사회가 진보함에 따라 변하기도 한다. 복수도 옛날에는 그것을 미덕으로 여기는 일이 종종 있었지만, 오늘날의 관점에서 말하면, 그 뜻이 전적으로 나쁘다고 할 수는 없더라도 그 행위는 엄히 책망하지 않을 수 없다.

복수와 마찬가지로 법률에 저촉되는 행위로는 암살, 구타, 결투 등이 있다. 아무리 원한이 있더라도 직접 구타하는 등의 난폭한 행위를 해서는 안 된다. 또 한때의 분노를 참지 못하고 곧바로 결투로 문제를 해결하려는 것은 순전히 야만적인 풍속에 지나지 않으므로, 그와 같은 일들은 모두 법률에 따라 혹은 다른 정당한 방법에 따라 결정해야 한다.

일단 국가에 위급한 일이 생기면 의롭고 용감하게 공公을 위해 봉사함으로써

一旦緩急アレハ義勇公ニ奉シ

사람의 덕의는 단지 자기를 잘 수련하고, 타인에게 해를 끼치지 않는 데서 그치는 것이 아니다. 나아가 대중을 위해 유익한 사업을 이루어야 한다. 즉 소극적 덕의는 아직 다하지 못한 바가 있는 것이고, 이에 더해 적극적 덕의까지 이루어야 하는 것이다. 특히 나라의 안위와 휴척休戚[32]에 관련된 일이라면, 기꺼이 목숨을 던져 공중公衆을 위해 일을 도모해야 한다. 이것이 진정한 의로운 용기義勇이다.

사람이 아무리 용기가 있고 완력이 있어도 조금도 귀하게 여길 만하지 않다. 그러나 만약 그것을 활용하여 유익한 사업을 이루면 비로소 귀하게 여길 만하며, 만약 그것을 활용하여 국가를 위난에서 구한다면 크게 귀하다고 할 수 있다.

32) 편안함과 근심.

이처럼 나 하나의 이익을 추구하는 마음을 버리고 국가를 위해 힘쓰는 것이 곧 애국심이며, 이는 모두가 마땅히 길러야 할 바이다. 나라의 강함은 주로 애국자가 많은 데서 비롯된다. 애국심은 실로 국가의 원기元氣라 할 수 있는 것이다. 그러므로 애국심이 있는 자는 각별히 칭찬하고 찬미해야 한다. 만약 애국심이 있는 자를 비웃고 욕하는 풍속이 생긴다면, 그 나라는 이미 붕괴된 것이다. 그러나 애국심이 있는 자는 종종 지나치게 과격해지는 폐단을 낳기 때문에 극단으로 치닫지 않도록 경계해야 한다. 그렇다 하더라도 어떤 사람이든 국가의 일에 냉담한 태도를 취해서는 안 된다.

무릇 국가는 유기체와 같아서 생명이 있고 성장하고 발전하며 노쇠하기도 한다. 항상 국가의 원기를 배양해야 하는 것은, 비유하자면 등불의 밝은 빛을 유지하기 위해 기름을 끊이지 않게 하는 것과 같아서 매순간 끊이지 않도록 해야 하는 것이다. 그러므로 대대로 인민들은 이 뜻을 깊이 새기고 잠시도 나라의 원기를 약화시켜서는 안 된다.

무릇 한 나라 안에 살고 있는 사람들은 모두 서로 관

계를 맺고 있다. 왜냐하면 한 사람이 일으키는 이익과 손해는 곧 국가의 이익과 손해가 되며, 그 영향이 국민 일반에게 미치기 때문이다. 그러므로 국민을 구성하는 자들은 단지 서로에게 법률상의 권리와 의무를 가질 뿐 아니라, 도덕상의 권리와 의무도 함께 갖는다. 따라서 애국심이 없는 자는 비록 국법을 어기지 않았더라도 도덕상의 의무를 저버린 것이므로 다른 사람들의 비난을 면할 수 없다. 우리가 편안히 입고 먹고 성장하며 학문을 닦아 결국 한 명의 온전한 인간으로서 생업을 할 수 있는 것은, 국가의 제도가 잘 갖추어져 있어 우리의 신체, 생명, 재산 등이 안전하기 때문이다. 그러므로 우리가 국가에 보답해야 할 은혜가 지극히 크고 깊음은 의심할 수 없다. 또한 조상으로부터 물려받은 땅을 지키고 이를 자손에게 남기는 것은 우리의 지극히 중요한 의무이므로, 그 안전을 방해하는 것이 있으면 온 힘을 다해 그것을 제거해야 한다. 그러므로 국가에 위급한 일이 있을 때에는 국가를 위해 몸을 던지고 다른 일은 돌아보아서는 안 된다.

반드시 자신의 자유를 추구하고 국가의 독립을 도모

해야 하며, 다른 나라의 속박을 받아 예속이 되는 치욕은 어떤 방법으로든 피해야 한다. 그러한 큰 치욕을 자신의 치욕으로 여기지 않는 자는 기력도 정신도 없는 자이며, 쓸모없는 겁쟁이이자 국가의 좀벌레일 뿐이다.

설령 관위가 있거나 학식이 있어도, 국가가 위급한 상황에 처했을 때 머뭇거리고 망설이는 자는 반드시 세상의 비웃음과 비난을 면치 못할 것이다. 반생半生의 명예도 하루아침에 오명으로 바뀌고 모든 소망이 물거품처럼 사라지고 나서야 비로소 한 번의 죽음이 백 번의 삶보다 낫다는 것을 깨닫게 될 것이다. 무릇 사람은 누구든 한번 죽는다. 죽어야 할 때에 죽지 않으면, 도리어 살아있는 것을 근심하게 된다.

그러므로 국가가 위급한 상황에서 나설 때에는 곧바로 떨쳐 일어나 나서야 하며, 국난에 목숨을 바칠 용기가 없어서는 안 된다. 훈야노 요시토모文室善友[33]가 신라의 적에 맞서 그들을 격퇴하였고, 오쿠라노 다네키大藏種材[34]가

33) 헤이안 시대 전기의 관인. 생몰연도 미상. 쓰시마를 공격한 신라· 해적을 물리쳤다고 한다.

34) 헤이안 시대 중기의 귀족, 무인. 생몰연도 미상.

일흔이 넘은 고령으로 여진의 적을 추격하였으며, 호조 도키무네北条時宗가 원나라 병사를 몰살하여 외적의 근심을 끊은 것은 실로 후세 사람들이 모범으로 삼을 바이다.

그러나 만약 오늘날 외적의 침입이 있다면, 신민은 함부로 사사로이 일을 벌여서는 안 되며, 오직 징병 명령에 따라 자신의 의무를 다해야 한다. 징병 명령을 받으면 반드시 기꺼이 응해야 하며, 결코 도망쳐 공적인 임무를 피해서는 안 된다. 우리나라 남자라면 누구나 기꺼이 몸을 희생하여 국가의 복지를 도모할 생각을 해야 한다. 무릇 세상에 유쾌한 일이 많더라도, 진정한 남자에게는 국가를 위해 죽는 것보다 더 유쾌한 일은 없을 것이다.

천지와 함께 영원히 이어질 황실의 운명을 부익扶翼해야 한다.

以テ天壌無窮ノ皇運ヲ扶翼スヘシ

인간은 스스로 사회를 구성하고 국가를 조직하는 경향이 있다. 그런데 사회를 구성하고 국가를 조직하면 반드시 이를 통치하는 자가 있어야 한다. 그렇기 때문에 작게는 추장이 있고 크게는 군주가 있으니, 이는 마치 한 집안에 가장이 있는 것과 같다. 이와 같이, 큰 권력은 한 사람에게 집중되는 경향이 있다. 벌, 땅강아지, 개미도 모두 우두머리가 있고, 학이나 코끼리 무리도 그러하다. 군대나 함대에도 지휘하는 자가 있으며, 회사에는 사장이 있고, 학교에는 교장이 있다. 이처럼 사람이 모여 일을 이루려는 곳에는 반드시 그곳의 통솔자가 있어야 한다. 눈에도 그 힘이 눈동자에 모여 있고, 태양계에도 태양이 중심의 지위를 차지한다. 한 나라의 군주 역시 이와 같이 뭇사람들 위에서 통치의 대권을 갖는다.

만약 국가를 주재하는 군주가 없으면 무수한 인민은 단지 같은 곳에 모여 있는 것일 뿐, 국가의 체제를 이루지 못한다. 설령 공화제 국가라 하더라도 반드시 통령이나 주임의 지위를 가진 자가 있는 것을 보면, 평등은 실현하기 어렵다는 것을 알 수 있다. 그러므로 군과 민의 구별은 하늘과 땅의 조직이 본래 그러한 데서 비롯된 것이다.

그런데 군주가 국민 일반의 이익을 도모하며 밤낮으

로 정무에 힘쓰고 심려를 다하는 데 이르면, 신민이 쉽게 미칠 수 있는 바가 아니다. 그러므로 신민이 군주를 존경해야 한다는 것은 논할 것도 없이 명백하다. 또한 신민의 생명과 재산, 명예와 신앙에 이르기까지 안전할 수 있는 것은 군주의 통치가 올바르기 때문이다. 그러므로 군주가 신민의 행복을 증진시키는 것을 목표로 한다면, 신민이 입는 크나큰 은혜는 지극히 깊고 두터우므로, 반드시 그를 섬기며 충성해야 한다. 설령 군주를 위해 목숨을 희생한다 해도 아까워해서는 안 된다.

군주는 비유하면 정신과 같고, 신민은 육체와 같다. 만약 육체가 정신이 하고자 하는 바에 따라 움직이지 않으면, 반신불수와 같아 몸 전체를 활용할 수 없게 된다.

신민이 군주의 명령을 따르지 않으면, 국가의 결합력을 약화시킬 뿐 아니라, 신민의 복지 증진을 목적으로 하는 시정 방침에도 적지 않은 장애가 될 것이다. 그러므로 신민이 함부로 군주의 명령을 거역하는 것은 오히려 자신에게 불행을 초래하는 근원이 될 것이다. 따라서 국가의 신민이라면 누구든 군주의 뜻에 따라 행동하고 그에 거역하는 일이 없어야 한다.

실로 복종은 신민의 미덕이다. 신민에게 복종의 미덕이 없으면 사회의 질서를 유지하고 국가의 복지를 도모하는 일은 불가능하다. 그러므로 자유의 정신을 고취하는 동시에, 또한 복종이 미덕임을 알아야 한다.

무릇 국가의 정체政體는 옛 형식을 계승하여 그것을 개량하는 것이 가장 쉽고 온당하다. 만약 옛 형식을 완전히 바꾸어 새로운 정체를 이룬다면, 선례는 폐지되고 경험은 부족하여, 그로 인해 사회의 질서가 문란해지고 예상 밖의 폐해가 생겨나게 될 것이다. 그러나 우리나라의 경우는, 개벽 이래 일통무궁一統無窮의 황손이 군림하고 있어 타국에 비해 실로 무한한 장점이 있다. 그러므로 신민은 마땅히 힘을 합하고 마음을 모아 황실을 보좌하고 옹호하여, 예로부터 내려온 국체를 유지하고 자손의 안전과 행복을 도모해야 한다.

생각해 보라. 오늘날 일본의 문화는 역대 천황이 대를 이어 통치한 결과가 아니겠는가? 과연 그렇다면 일본인으로서 누가 우리 황실의 은혜를 입지 않았다고 할 수 있겠는가? 또 생각해 보라. 우리 조상은 모두 역대 천황의 통치를 받았고, 또 우리 자손도 영원히 황통의 비호를 받을 것이다. 그렇다면 우리들 신민과 황실의 관계는 극히 중대하다고 하지 않을 수 있겠는가?

그런데 황실을 부익扶翼하고자 한다면, 각자 건장한 체격과 강한 완력을 갖추도록 힘써야 한다. 이는 실로 체육이 특히 민간에 필요한 이유이다. 그러나 몸집이 장대하더라도 덕성이 동반되지 않으면, 한갓 난폭하고 사나운 무리가 되거나 평범한 씨름꾼이 되는 데 불과할 것이다.

지혜와 덕을 갖추고 아울러 아름답게 발달한 신체를 갖는 것은 단지 그 용모에 위엄을 더할 뿐 아니라, 능히 국가를 위해 힘을 다하면서도 지치지 않을 수 있게 한다. 또한, 체격과 용모의 완전함은 종종 우등한 정신의 발달을 동반하므로, 우리나라의 인민은 고대 그리스인이 신체의 아름다움을 숭상했듯이, 지혜와 덕 외에도 체격의 발달을 꾀하여 영원히 황실의 창성할 운명을 보좌하는 데 힘써야 한다.

이렇게 한다면 그대들은 짐의 충량한 신민이 될 뿐만 아니라,

是ノ如キハ獨リ朕カ忠良ノ臣民タルノミナラス

무릇 신민은 각자 자신이 해야 할 의무를 다하여, 충량한 신민이 되고자 하는 마음을 가져야 한다. 만약 도리에 어긋난 무리들이 나라 안에 산재해 있으면 그 폐해는 결국 신민 전체에 미치게 되고, 그로 인해 그 나라는 공고한 기초를 잃게 된다. 그러므로 신민이 각자 한 사람의 신민으로서 의무를 완수한다면, 국가의 기초를 굳건히 하고 군주를 안전하게 할 뿐 아니라, 그로 인해 각자의 행복 또한 증진된다. 왜냐하면 개인의 신체, 생명, 재산 등은 모두 국가와 더불어 안전한 것이기 때문이다.

그러므로 같은 군주를 받들고, 같은 법률을 따르며, 같은 국민을 구성한 이상, 신민은 도의상 마땅히 서로 충성스럽고 선량할 것을 장려하고, 불충하고 불량한 자를 꾸짖을 수 있는 것이다.

그러나 신민은 자기 분수를 벗어나 충의를 명분으로 사사로운 뜻을 멋대로 앞세우는 일이 있어서는 안 된다. 즉, 국법을 무시하고, 자신의 사견에 따라 불충하고 불량하다고 생각되는 자를 스스로 주벌誅伐하는 것은 정당한 방법에 의하지 않은 것으로, 스스로 국법을 어긴 죄인이 되는 것이다. 하나의 악을 제거한 것은 칭찬할 일이지만, 그로 인해 또 하나의 악을 낳게 되면 결국 어떤 효과도 없게 된다.

족히 그대들의 조상의 유풍遺風을 현창顯彰할 수 있을 것이다.

又以テ爾祖先ノ遺風ヲ顯彰スルニ足ラン

우리나라에는 예로부터 충효로 절의를 다하여 아름다운 이름을 후세에 전한 자가 셀 수 없이 많다. 그러므로 후대의 신민 또한 조상의 지조와 절개를 이어받아, 조상에게 부끄럽지 않은 충정을 드러내어, 후대의 자손들이 다시 자신들을 모범으로 삼도록 해야 한다.

국가는 역사적인 것이다. 결코 전대나 후대와 관계없이 일시적으로 존재하는 것이 아니다. 즉, 그 나라에 고유한 조상의 유풍에는 국가의 정수國粹가 깃들어 있으므로, 함부로 그것을 폐기하지 말고 영원히 이어나가 자손에게 전해야 한다.

그런데 국가는 우리나라만 있는 것이 아니라, 우리나라 밖에도 여러 나라가 병존하고 있다. 이러한 나라들은 종종 우리나라와 직접적인 관계가 있으며 그 흥망성

쇠가 일정하지 않기 때문에, 우리나라도 또한 그 시대의 정세에 따라 다소의 변화를 일으켜 저들의 장점을 취하고 우리의 단점을 보완해야 한다. 만약 이와 같이 사물을 개량하려는 정신이 없으면, 영원히 구태를 고수하며 국가는 조금도 진보의 길로 나아가지 못할 것이다. 그러므로 한 나라 안에는 다른 나라보다 앞장서서 비약적인 발전을 이루려는 정신이 있어야 한다. 그러나 그 때문에 조상으로부터 이어받은 아름다운 풍속, 즉 충성스럽고 선량한 유풍까지 함께 내버리는 과실을 저질러서는 안 되며, 다만 우리의 단점만을 개량해야 한다.

무릇 우리나라에 아름다운 산천이 많은 것은 외국인에게 자랑할 만한 바이지만, 아름다운 산천은 천지자연의 작용으로 이루어진 것이므로, 우리나라 사람의 공로로 그렇게 된 것은 아니다. 그러나 우리나라 사람들이 충성스럽고 선량한 아름다운 풍속을 잃지 않고, 자손대대로 선조의 유풍을 보존하여 동양에서 우아한 국민이 된 것은, 실로 우리나라 사람들이 외국인에게 자랑할 만한 점이다.

이 도는 실로 우리 황조황종의 유훈遺訓으로 자손인 천황과 신민이 함께 준수해야 하는 바,

斯ノ道ハ實ニ我カ皇祖皇宗ノ遺訓ニシテ子孫臣民ノ倶ニ遵守スヘキ所

충효와 이륜彛倫[35]의 가르침은 신민이 항상 따라야 할 도로서, 황실과 조상이 세우신 바이다. 조상을 숭경崇敬하는 풍속은 우리나라에서 예로부터 내려온 관습이다. 그런데 조상을 숭경하는 것은 곧 한결같은 효심에서 비롯된다. 어째서인가? 부모를 사랑하면 또한 부모의 부모, 더 나아가 그 부모를 사랑하고 공경하는 마음이 생겨, 결국 모든 조상을 아울러 숭경하게 되는 것은 필연적인 흐름이며, 그 근본을 헤아려 보면 바로 한결같은 효심에서 나온 것이다.

또 신민이 황실의 조상을 숭경하는 것은 본래 국가의 군주에게 다해야 할 충의의 마음에서 비롯된 것이다. 군주에게는 큰 은혜가 있으므로 그에 보답하려는 생각을

35) 떳떳하고 변하지 않는 도리.

해야 한다. 그 보답은 무엇으로 하는가? 곧 충의를 다하는 것으로 하는 것이다. 군주에게 충의를 다하려는 마음이 있으면, 군주에 대한 숭경과 더불어 군주의 조상을 숭경하는 마음이 생기는 것은 필연적인 이치이다.

그러므로 충효와 이륜의 가르침은 예로부터 우리나라에 있었던 조상 숭경의 풍속에서 발견할 수 있는 것이다.

설령 다른 나라 사람에게 동일한 가르침이 있다 하더라도, 예로부터 그것을 실행하여 그 절의를 완수한 것은 우리 일본이 으뜸이다. 오늘날 우리가 누리는 것은 대부분 조상이 남긴 은혜를 입은 것이다. 그러므로 자손인 신민은 이 유훈을 준수하고, 다음 세대의 자손들 또한 그 은혜를 누리게 하여 영원히 이를 모범으로 삼아 따르도록 해야 한다.

이는 고금을 관통하여 그르침이 없으며, 중외中外에 베풀더라도 어긋나지 않는다.

之ヲ古今ニ通シテ謬ラス之ヲ中外ニ施シテ悖ラス

군주와 부모에게 충과 효를 다하고, 형제간에 우애가

있으며, 부부가 서로 화목하고, 친구가 서로 믿는 것은 옛사람들이 누누이 칭송하며 자식들에게 가르쳐온 바이다. 그래서 오늘날 사람들 중에는 혹 이를 진부하다고 여기고 대신할 만한 것을 찾으려는 자도 있다. 그러나 쉽고 명백하여 조금도 의심할 수 없는, 일상 속에서 변치 않는 인륜의 가르침은 수천 년의 긴 세월이 지나도 결코 달라질 수 없는 것이다. 다만, 문화의 수준이나 풍속, 관습의 차이에 따라 그것을 행하는 방식은 다를 수 있으나, 그 주의와 정신은 반드시 동일하다.

또한 옛것이 모두 그른 것은 아니며, 새로운 것이 모두 참된 것도 아니다. 옛것이냐 새로운 것이냐는 사물의 옳고 그름을 판별하는 기준이 될 수 없다.

성현에게서 나온 가르침은 어떤 것이든, 군주와 아버지에게 충효를 다하는 것을 덕의가 아니라고 하는 가르침은 없다. 또한 충효의 가르침은 예로부터 내려온 우리나라의 관습과 잘 맞으며, 국가의 근간으로서 반드시 필요한 것이다. 그러므로 오래된 가르침이라고 하여 그것을 싫어하고 배척하는 것은 자신의 잘못된 생각에서 비롯된 것일 뿐이다.

또, 인륜과 교제에 관한 가르침 가운데 사회가 성립하는 과정에서 필연적으로 생겨나는 것들은, 동서양이 다르지 않고, 국내외中外의 구별도 없다. 어떤 나라든 문화가 발전한 나라라면 모두 비슷한 양상을 띠기 마련이다. 즉 효제충신 같은 덕은 어느 나라에서든 똑같이 칭송해야 할 덕이며, 단지 우리나라에만 한정된 것이 아니다.

그러나 메이지 유신 이후 서양의 학문이 우리나라에서 크게 번성하여 여러 방면에서 갑자기 그 면모가 바뀌자, 많은 사람들이 옛 관습을 싫어하고 옛 풍조에서 벗어나 다투어 새롭고 기이한 것을 추구하였다. 그 결과 충효와 이륜의 가르침마저 진부하다고 여기며 이를 가볍게 여기고 업신여기는 지경에 이르렀다. 비유하자면, 헌 옷을 버리면서 금 단추까지 함께 버린 것과 같다. 이 때문에 메이지 유신 이전에는 비록 지식 교육智育은 부족했을지라도, 도덕 교육德育은 오히려 오늘날보다 나은 점이 있었다.

메이지 유신 이후, 지식 교육은 이전 시대를 능가하여 발전하는 기세이지만, 도덕 교육은 이에 반해 나날이 쇠퇴하는 상황이다. 이는 사람들이 충효의 가르침은 아무리 새로운 학문이 일어나도 결코 바뀌서는 안 될 진리임을 깨닫지 못하고, 각자의 학문에 치우쳐 그릇된 길에서 헤매는 데서 비롯된 것이다.

짐은 그대들 신민과 더불어 이를 마음에 깊이 새기고 지키며, 모두 이 덕을 한결같이 하기를 바라는 바이다.

朕爾臣民ト俱ニ拳拳服膺シテ咸其徳ヲ一ニセンコトヲ庶幾フ

각 개인이 자신의 행위를 완성하고자 한다면 반드시 하나의 고상한 이상을 세우고 그 이상을 향해 나아가야 한다. 그러므로 국민 개개인도 눈앞에 이상을 세우고, 모든 사람이 마음을 하나로 하여 부지런히 힘써 그 이상에 도달하도록 노력해야 한다. 이것이 곧 국민이 진보하기 위한 방책이며, 고등한 문화의 영역으로 들어가기 위해 반드시 필요한 일이다.

오늘날 각 개인이 덕을 닦는 것에서부터 의롭고 용감하게 공공의 의무를 받드는 데 이르기까지, 무릇 신민이 도덕상의 의무로서 행해야 할 것은, 곧 우리나라 사람이 찬란한 문명에 이르기 위해 따라야 할 도덕상의 법칙이며, 또한 이를 국가의 이상이라고 할 수 있을 것이다.

그런데 천황 폐하께서 이제 친히 황조황종의 유훈을 근본으로 삼아, 억조 신민에 솔선하여 그 덕을 닦아 이상에 도달하기를 희망하시니, 그 뜻은 실로 큰 효를 행하는 모범이라 할 수 있다. 그러므로 우리나라의 신민인 자가 어찌 부지런히 노력하여 폐하의 뜻에 부응하지 않을 수 있겠는가?

1890년 10월 30일

어명 어새

칙어연의 下 끝